À hauteur de visage

6 août. Fête de la Transfiguration. Sur la montagne, Jésus est devenu tout autre. Cette Transfiguration est d'abord celle des disciples : dans un moment d'illumination, ils ont eu la révélation de celui qu'ils considéraient comme leur Maître. Ils sont passés du masque au visage, de l'extérieur à l'intérieur, de l'apparence au mystère. Telle est notre démarche : traverser la figure pour pressentir la réalité intime qui engage et l'homme et Dieu. 6 août. Il y a quatre-vingts ans explosait la première bombe atomique larguée sur Hiroshima, au Japon. Un flash lumineux, une boule de feu, au moins soixante-dix mille morts. Les rescapés étaient devenus méconnaissables même pour leurs proches. L'horreur avait frappé à hauteur de visage. En chaque 6 août, nous voici placés devant ce choix vital : la Transfiguration, pleine reconnaissance de l'identité de l'autre, ou la défiguration, négation de son corps et de son âme. À cette humanité qui n'ose prendre la mesure de sa responsabilité, le Seigneur répète : « Choisis la vie afin que tu vives » (cf. Dt 30, 19). Être témoin de la Transfiguration, c'est combattre toute tentative de défiguration. ■

En chaque 6 août, nous sommes devant un choix vital : la Transfiguration ou la défiguration.

SAINTS ET SAINTES DU MOIS D'AOÛT 2025

Xavier Lecœur, journaliste et historien

Chaque jour, l'Église fête plusieurs saints et bienheureux : ceux du calendrier romain, ceux des calendriers diocésains et ceux du calendrier des Églises orientales.
Tous les mois, Prions en Église *vous propose d'en découvrir quelques-uns.*

1er août
St Pierre Favre
(1506-1546)
« [Il y a] trois sortes d'œuvres auxquelles il faut s'attacher [...] : vis-à-vis de nous-mêmes, vis-à-vis du prochain, vis-à-vis de Dieu », notait, dans son *Mémorial*, ce Savoyard qui fut le premier prêtre jésuite.

2 août
St Eusèbe
(283-371)
Évêque de Verceil, dans le Piémont, il connut un long exil en Orient pour avoir combattu l'hérésie arienne.

3 août
Ste Lydie
(Ier siècle)
Habitante de Philippes, en Macédoine. Elle fut convertie au Christ par saint Paul, auquel elle offrit l'hospitalité (cf. Ac 16, 12-15).

4 août
St Jean-Marie Vianney
(1786-1859)
Il y a un siècle, en 1925, le célèbre Curé d'Ars (01) était proclamé saint à Rome par le pape Pie XI, le même jour que saint Jean Eudes.

5 août
Ste Nonna
(lire page 39)

6 août
St Hormisdas
(450-523)
Diacre du pape Symmaque, il lui succéda en 514 et travailla à l'unité des Églises d'Orient et d'Occident.

7 août
St Victrice
(IVe siècle)
Ami de saint Martin de Tours, il évangélisa l'Artois et la Flandre. Devenu évêque de Rouen (76), il eut une activité pastorale intense.

8 août
St Dominique de Guzman
(1170-1221)
Né en Espagne, il voulut ramener les cathares à la foi chrétienne « par la parole et par

l'exemple » d'une vie réellement évangélique. Il fonda l'ordre des Frères prêcheurs (dominicains) pour l'aider dans sa tâche. Canonisé en 1234.

9 août
Ste Edith Stein
(1891-1942)
« Qui cherche la vérité, cherche Dieu, qu'il en soit conscient ou non », écrivait cette carmélite d'origine juive, morte au camp d'Auschwitz. Copatronne de l'Europe.

10 août
St Laurent de Rome
(IIIe siècle)
Ce jeune diacre du pape saint Sixte II mourut brûlé vif pour avoir refusé de remettre à l'empereur les aumônes que l'Église destinait aux pauvres.

11 août
Bx Maurice Tornay
(1910-1949)
« Quand la vie nous pèse, allons à Jésus », conseillait ce chanoine régulier du Grand-Saint-Bernard qui se fit missionnaire au Tibet. Il y fut assassiné en haine de la foi chrétienne.

12 août
Ste Jeanne-Françoise de Chantal
(1572-1641)
Avec saint François de Sales, cette veuve fonda, en 1610 à Annecy l'ordre de la Visitation Sainte-Marie qui, à sa mort, comptait déjà quatre-vingt-sept maisons. Canonisée en 1767.

13 août
St Pontien et st Hippolyte
(IIIe siècle)
Déportés ensemble dans les mines de Sardaigne, le pape Pontien (élu en 230) et l'antipape Hippolyte s'y réconcilièrent, juste avant de mourir d'épuisement.

14 août
Bx Évrard
(Xe siècle)
Premier abbé du célèbre monastère bénédictin d'Einsiedeln (Suisse).

15 août
Assomption de la Vierge Marie

16 août
St Étienne de Hongrie
(vers 975-1038)
Sacré roi de Hongrie à Noël de l'an mil, il se voua à la christianisation de son pays. Il créa des évêchés, fonda églises et abbayes, et mourut en consacrant son royaume à la Vierge.

17 août
Ste Claire de Montefalco
(vers 1268-1308)
Mystique italienne et abbesse d'un couvent placé sous la règle de saint Augustin. Elle témoigna d'une profonde dévotion à l'égard de la passion du Christ.

18 août
Bx Antoine Banassat
(1729-1794)
Ce curé de la paroisse de Saint-Fiel (23) est l'un des soixante-quatre martyrs des pontons de Rochefort à avoir été béatifiés il y a trente ans, en 1995, par saint Jean-Paul II.

19 août
St Jean Eudes
(1601-1680)
Il y a un siècle, en 1925, ce prêtre normand, fondateur de la congrégation de Jésus et Marie (Eudistes) et de l'Institut de Notre-Dame de Charité, était canonisé à Rome par le pape Pie XI, le même jour que saint Jean-Marie Vianney.

20 août
St Bernard Tolomei
(1272-1348)
Juriste natif de Sienne, il renonça aux honneurs à l'âge de 40 ans, se retira dans la solitude, puis fonda la congrégation bénédictine du Mont Olivet (les Olivétains). Canonisé en 2009.

21 août
St Privat
(IIIe siècle)
Évêque de Mende (48), mort martyr. La cathédrale de la ville lui est dédiée, ainsi qu'à Notre-Dame.

22 août
St Symphorien
(IIe siècle)
Jeune chrétien d'Autun (71), décapité pour avoir refusé de se prosterner devant une idole païenne.

23 août
Ste Asceline
(1121-1195)
Cette prieure du couvent des dames de Boulancourt (52) était parente de saint Bernard de Clairvaux, qui avait fondé cette abbaye cistercienne.

24 août
St Barthélemy
(Ier siècle)
L'un des Douze. Dans l'évangile de saint Jean, on le connaît sous le nom de Nathanaël. Il a été présenté à Jésus par son ami Philippe.

25 août
Bx Thomas a Kempis
(1379-1471)
C'est à ce moine allemand que l'on attribue aujourd'hui la rédaction du célèbre ouvrage de dévotion *L'Imitation de Jésus Christ.*

26 août
Ste Jeanne-Élisabeth Bichier des Âges
(1773-1838)
Avec le soutien de saint André-Hubert Fournet, cette jeune noble fonda la communauté des Filles de la Croix, pour l'aide aux malades et l'éducation des enfants des campagnes. Canonisée en 1947.

27 août
St Amédée de Lausanne
(vers 1110-1159)
« Pour tous ceux qui prient [la Vierge Marie] du fond du cœur, elle se fait leur protection pour la vie présente et pour la vie future », écrivait, dans l'une de ses homélies mariales, celui qui fut abbé puis évêque.

28 août
St Junipero Serra
(1713-1784)
Missionnaire franciscain espagnol. Il fonda de nombreuses missions en Californie, dont il est considéré comme l'apôtre. Canonisé en 2015.

29 août
Ste Euphrasie du Sacré-Cœur
(1877-1952)
Religieuse indienne, de la congrégation des Sœurs de la Mère du Carmel. Surnommée « Mère priante », elle a été canonisée en 2014.

30 août
Ste Jeanne Jugan
(1792-1879)
« Regardez le pauvre avec compassion, et Jésus vous regardera avec bonté, à votre dernier jour », répétait cette Bretonne, fondatrice des Petites Sœurs des Pauvres, au service des personnes âgées démunies. Canonisée en 2009.

31 août
Sts Joseph d'Arimathie et Nicodème
(Ier siècle)
Le Martyrologe romain fête aujourd'hui ces deux disciples qui, après avoir recueilli le corps de Jésus déposé de la Croix, l'enveloppèrent de linges et le déposèrent dans un tombeau.

Prions avec les textes de la messe

DU 1ER AU 31 AOÛT 2025

Partagez vos intentions de prière

Envoyez vos intentions de prière à :
Prions en Église, Intentions de prière, 15 boulevard Gabriel Péri, CS 10042 92245 Malakoff Cedex. **Elles seront portées par les pèlerins qui partiront sur le chemin de Saint-Jacques de Compostelle, du 15 au 22 septembre 2025.**

VENDREDI 1ER AOÛT 2025

17E SEMAINE DU TEMPS ORDINAIRE COULEUR LITURGIQUE : BLANC

Saint Alphonse-Marie de Liguori

1696-1787. Ancien avocat devenu prêtre, il fonda la congrégation des Rédemptoristes pour l'évangélisation des campagnes. Théologien moraliste et maître de vie spirituelle.

Antienne d'ouverture

Je m'occuperai de mes brebis, je veillerai sur elles, dit le Seigneur,
je susciterai à leur tête un seul berger.
Moi, le Seigneur, je serai leur Dieu. (cf. Ez 34, 11.23-24)

OU

Voici l'intendant fidèle et avisé que le maître a établi sur sa maison,
pour donner à chacun, en temps voulu, sa part de blé. (cf. Lc 12, 42)

Prière

Seigneur Dieu, toi qui toujours suscites en ton Église de nouveaux exemples de vertu, fais-nous marcher avec ardeur pour le salut des âmes sur les traces de l'évêque saint Alphonse-Marie de Liguori, afin que nous obtenions comme lui la récompense du ciel. Par Jésus… — ***Amen.***

Lecture

du livre des Lévites (23, 1.4-11.15-16.27.34b-37)

« Voici les solennités du Seigneur, les assemblées saintes »

Le Seigneur parla à Moïse et dit : « Voici les solennités du Seigneur, les assemblées saintes auxquelles vous convoquerez, aux dates fixées, les fils d'Israël. Le premier mois, le quatorze du mois, au coucher du

soleil, ce sera la Pâque en l'honneur du Seigneur. Le quinzième jour de ce même mois, ce sera la fête des Pains sans levain en l'honneur du Seigneur : pendant sept jours, vous mangerez des pains sans levain. Le premier jour, vous tiendrez une assemblée sainte et vous ne ferez aucun travail, aucun ouvrage. Pendant sept jours, vous présenterez de la nourriture offerte pour le Seigneur. Le septième jour, vous aurez une assemblée sainte et vous ne ferez aucun travail, aucun ouvrage. »
Le Seigneur parla à Moïse et dit : « Parle aux fils d'Israël. Tu leur diras : Quand vous serez entrés dans le pays que je vous donne, et que vous y ferez la moisson, vous apporterez au prêtre la première gerbe de votre moisson. Il la présentera au Seigneur en faisant le geste d'élévation pour que vous soyez agréés. C'est le lendemain du sabbat que le prêtre fera cette présentation. À partir du lendemain du sabbat, jour où vous aurez apporté votre gerbe avec le geste d'élévation, vous compterez sept semaines entières. Le lendemain du septième sabbat, ce qui fera cinquante jours, vous présenterez au Seigneur une nouvelle offrande.
« C'est le dixième jour du septième mois qui sera le jour du Grand Pardon. Vous tiendrez une assemblée sainte, vous ferez pénitence, et vous présenterez de la nourriture offerte pour le Seigneur. À partir du quinzième jour de ce septième mois, ce sera pendant sept jours la fête des Tentes en l'honneur du Seigneur. Le premier jour, celui de l'assemblée sainte, vous ne ferez aucun travail, aucun ouvrage. Pendant sept jours, vous présenterez de la nourriture offerte pour le Seigneur. Le huitième jour, vous tiendrez une assemblée sainte, vous présenterez de la nourriture offerte pour le Seigneur : ce sera

la clôture de la fête. Vous ne ferez aucun travail, aucun ouvrage.
« Telles sont les solennités du Seigneur, les assemblées saintes auxquelles vous convoquerez les fils d'Israël, afin de présenter de la nourriture offerte pour le Seigneur, un holocauste et une offrande, un sacrifice et des libations, selon le rite propre à chaque jour. » – Parole du Seigneur.

Psaume 80 (81)

℟ ***Criez de joie pour Dieu, notre force !***

Jouez, musiques, frappez le tambourin,
la harpe et la cithare mélodieuse.
Sonnez du cor pour le mois nouveau,
quand revient le jour de notre fête. ℟

C'est là, pour Israël, une règle,
une ordonnance du Dieu de Jacob ;
il en fit, pour Joseph, une loi
quand il marcha contre la terre d'Égypte. ℟

« Tu n'auras pas chez toi d'autres dieux,
tu ne serviras aucun dieu étranger.
C'est moi, le Seigneur ton Dieu,
qui t'ai fait monter de la terre d'Égypte ! » ℟

Acclamation de l'Évangile

Alléluia. Alléluia. La parole du Seigneur demeure pour toujours ; c'est la Bonne Nouvelle qui vous a été annoncée. ***Alléluia.***

Évangile de Jésus Christ
selon saint Matthieu (13, 54-58)

« N'est-il pas le fils du charpentier ? Alors, d'où lui vient tout cela ? »

En ce temps-là, Jésus se rendit dans son lieu d'origine, et il enseignait les gens dans leur synagogue, de telle manière qu'ils étaient frappés d'étonnement et disaient : « D'où lui viennent cette sagesse et ces miracles ? N'est-il pas le fils du charpentier ? Sa mère ne s'appelle-t-elle pas Marie, et ses frères : Jacques, Joseph, Simon et Jude ? Et ses sœurs ne sont-elles pas toutes chez nous ? Alors, d'où lui vient tout cela ? » Et ils étaient profondément choqués à son sujet.
Jésus leur dit : « Un prophète n'est méprisé que dans son pays et dans sa propre maison. »
Et il ne fit pas beaucoup de miracles à cet endroit-là, à cause de leur manque de foi.

Prière sur les offrandes
Dans ta bonté, Seigneur, brûle nos cœurs du feu céleste de l'Esprit, toi qui as donné à saint Alphonse-Marie la grâce de célébrer ces mystères et, par eux, de s'offrir lui-même en sacrifice vivant et saint. Par le Christ, notre Seigneur.
— Amen.

Antienne de la communion
Ce n'est pas vous qui m'avez choisi,
dit le Seigneur,
c'est moi qui vous ai choisis et établis,
afin que vous alliez, que vous portiez
du fruit, et que votre fruit demeure.
(cf. Jn 15, 16)

OU
Heureux ce serviteur que le maître,
quand il arrivera et frappera
à la porte, trouvera en train de veiller.
(cf. Lc 12, 36-37)

Prière après la communion

Seigneur Dieu, tu as fait de saint Alphonse-Marie un intendant fidèle et le prédicateur du grand mystère que nous célébrons ; accorde-nous d'y communier souvent et, par cette communion, de te bénir à jamais. Par le Christ, notre Seigneur. ***— Amen.***

INVITATION

Ce mois-ci, le pape nous invite à prier « pour une cohabitation pacifique ».
Je m'y associe dans ma prière du jour.

COMMENTAIRE

Là où ça fait mal Matthieu 13, 54-58

Jésus est chez lui à Nazareth et, pourtant, il n'y est pas vraiment reçu ; entre lui et les gens de la synagogue, les relations se brouillent. Comme dans nos histoires familiales lorsqu'un voile d'incompréhension vient ternir les plus belles relations : entre parents et enfants, entre conjoints, entre frères et sœurs… Les relations les plus intimes sont souvent les plus blessées, mais, au cœur de la blessure, Jésus est là. ■

Bertrand Lesoing*, prêtre de la communauté Saint-Martin*

SAMEDI 2 AOÛT 2025

17E SEMAINE DU TEMPS ORDINAIRE COULEUR LITURGIQUE : VERT

Temps ordinaire, *suggestion d'oraisons et d'antiennes n° 31*
ou **bienheureuse Vierge Marie,** *voir p. 23, ou* **saint Eusèbe de Verceil**
ou **saint Pierre-Julien Eymard**

Antienne d'ouverture

Ne m'abandonne jamais, Seigneur, mon Dieu, ne sois pas loin de moi. Viens vite à mon aide, Seigneur, force de mon salut ! (cf. Ps 37, 22-23)

Prière

Dieu de puissance et de miséricorde, c'est ta grâce qui donne à tes fidèles de pouvoir dignement te servir ; nous t'en prions : accorde-nous de courir sans que rien nous arrête vers les biens que tu promets. Par Jésus… — ***Amen.***

Lecture

du livre des Lévites (25, 1.8-17)

« En cette année jubilaire, chacun de vous réintégrera sa propriété »

Le Seigneur parla à Moïse sur le mont Sinaï et dit : « Vous compterez sept semaines d'années, c'est-à-dire sept fois sept ans, soit quarante-neuf ans. Le septième mois, le dix du mois, en la fête du Grand Pardon, vous sonnerez du cor pour l'ovation ; ce jour-là, dans tout votre pays, vous sonnerez du cor. Vous ferez de la cinquantième année une année sainte, et vous proclamerez la libération pour tous les habitants du pays. Ce sera pour vous le jubilé* : chacun de vous réintégrera sa propriété, chacun de vous retournera dans son clan. Cette cinquantième année sera pour vous une année jubilaire : vous ne ferez pas les semailles, vous ne moissonnerez pas le grain qui aura poussé tout seul, vous ne vendangerez pas la vigne non taillée. Le jubilé sera pour vous chose sainte, vous mangerez ce qui pousse dans les champs.

« En cette année jubilaire, chacun de vous réintégrera sa propriété. Si, dans l'intervalle, tu dois vendre ou acheter, n'exploite pas ton compatriote. Quand tu achèteras à ton compatriote, tu tiendras compte des années écoulées depuis le jubilé ; celui qui vend tiendra compte des années qui restent à courir. Plus il restera d'années, plus tu augmenteras le prix ; moins il en restera, plus tu réduiras le prix, car la vente ne concerne que le nombre des récoltes. Tu n'exploiteras pas ton compatriote, tu craindras ton Dieu. Je suis le Seigneur votre Dieu. »

– Parole du Seigneur.

Psaume 66 (67)

℟ *Que les peuples, Dieu, te rendent grâce ; qu'ils te rendent grâce tous ensemble !*

Que Dieu nous prenne en grâce
et nous bénisse,
que son visage s'illumine pour nous ;
et ton chemin sera connu sur la terre,
ton salut, parmi toutes les nations. ℟

Que les nations chantent leur joie,
car tu gouvernes le monde avec justice ;
tu gouvernes les peuples avec droiture,
sur la terre, tu conduis les nations. ℟

La terre a donné son fruit ;
Dieu, notre Dieu, nous bénit.
Que Dieu nous bénisse,
et que la terre tout entière
l'adore ! ℟

Acclamation de l'Évangile

Alléluia. Alléluia. Heureux ceux qui sont persécutés pour la justice, car le royaume des Cieux est à eux ! ***Alléluia.***

Évangile de Jésus Christ

selon saint Matthieu (14, 1-12)

« Hérode envoya décapiter Jean dans la prison. Les disciples de Jean allèrent l'annoncer à Jésus »

En ce temps-là, Hérode, qui était au pouvoir en Galilée, apprit la renommée de Jésus et dit à ses serviteurs : « Celui-là, c'est Jean le Baptiste, il est ressuscité d'entre les morts, et voilà pourquoi des miracles se réalisent par lui. » Car Hérode avait fait arrêter Jean, l'avait fait enchaîner et mettre en prison. C'était à cause d'Hérodiade, la femme de son frère Philippe. En effet, Jean lui avait dit : « Tu n'as pas le droit de l'avoir pour femme. » Hérode cherchait à le faire mourir, mais il eut peur de la foule qui le tenait pour un prophète. Lorsque arriva l'anniversaire d'Hérode, la fille d'Hérodiade dansa au milieu des convives, et elle plut à Hérode. Alors il s'engagea par serment à lui donner ce qu'elle demanderait. Poussée par sa mère, elle dit : « Donne-moi ici, sur un plat, la tête de Jean le Baptiste. » Le roi fut contrarié ; mais à cause de son serment et des convives, il commanda de la lui donner. Il envoya décapiter Jean dans la prison. La tête de celui-ci fut apportée sur un plat et donnée à la jeune fille, qui l'apporta à sa mère. Les disciples de Jean arrivèrent pour prendre son corps, qu'ils ensevelirent ; puis ils allèrent l'annoncer à Jésus.

Prière sur les offrandes

Seigneur, que ce sacrifice devienne pour toi une offrande pure, et pour nous, le don généreux et saint de ta miséricorde. Par le Christ, notre Seigneur. — ***Amen.***

Antienne de la communion

Tu m'apprends, Seigneur,
le chemin de la vie :
devant ta face, débordement de joie !
(Ps 15, 11)

OU

De même que le Père, qui est vivant,
m'a envoyé, et que moi je vis
par le Père, de même
celui qui me mange, lui aussi vivra
par moi, dit le Seigneur.
(Jn 6, 57)

Prière après la communion

Nous t'en prions, Seigneur, augmente en nous la force de ton action, afin que, renouvelés par les sacrements du ciel, nous soyons préparés par ta grâce à recevoir les biens qu'ils promettent. Par le Christ, notre Seigneur. — ***Amen.***

INVITATION

Si le temps le permet ce soir, je vais admirer les étoiles filantes, nombreuses en cette période, et je loue le Créateur pour ses merveilles.

COMMENTAIRE

L'ignorance et la peur

Matthieu 14, 1-12

La scène est effroyable, d'une violence inouïe. Comment Hérode en est-il venu à ordonner la mise à mort de Jean Baptiste ? Quel est le mobile du crime ? la haine ? la vengeance ? Les motifs sont en fait bien plus ordinaires : Hérode est guidé par l'ignorance (il ne sait pas vraiment qui est Jean Baptiste) et la peur (il ne veut pas déplaire). Derrière la scène d'un autre temps se profile un appel toujours actuel à vaincre la lâcheté et les préjugés de toutes sortes. ■

***Bertrand Lesoing**, prêtre de la communauté Saint-Martin*

✲ CLÉ DE LECTURE

« Le jubilé »

Lévitique 25, 12 *(p. 18)*

Le jubilé célèbre le cinquantième anniversaire d'un service ou d'un engagement. Le terme vient du nom du cor, *JoBeL* en hébreu, dont la sonnerie ouvrait la célébration. Cette année-là, les esclaves devaient être libérés, les propriétés aliénées rendues à leur propriétaire et le sol « se reposait ». Cette législation n'a probablement jamais été appliquée en Israël, mais elle place la vie quotidienne sous un jour qui l'oriente et la transforme : parce que Dieu seul est maître de la vie, aucun esclavage ne doit durer, la terre devra être respectée. Le monde qui nous a été confié ne nous appartient pas, il est don de Dieu. Chaque être humain est appelé à une liberté et à une dignité inaliénables, car il a été créé à l'image de Dieu, qui veut que ce soit bon. ■

***Roselyne Dupont-Roc**, bibliste*

Bienheureuse Vierge Marie

Couleur liturgique : blanc ou vert

Les samedis du temps ordinaire où il n'y a pas de mémoire obligatoire, on peut faire mémoire de la Vierge Marie, selon une tradition qui honore la foi et l'espérance sans défaut de Marie le Samedi saint.

Antienne d'ouverture

Bienheureuse es-tu, Vierge Marie :
tu as porté le Créateur de l'univers,
tu as mis au monde celui qui t'a faite,
et tu demeures toujours vierge.

Prière

Dieu de miséricorde, viens au secours de notre faiblesse : puisque nous faisons mémoire de la sainte Mère de Dieu, fais que, soutenus par son intercession, nous soyons relevés de nos péchés. Par Jésus…
— ***Amen.***

Prière sur les offrandes

En rendant hommage à la Mère de ton Fils, Seigneur, nous te supplions : que le sacrifice offert en ce jour fasse de nous, par le don de ta grâce, une éternelle offrande à ta gloire. Par le Christ, notre Seigneur. — ***Amen.***

Préface de la Vierge Marie, p. 245.

Antienne de la communion

Le Puissant fit pour moi
des merveilles ; Saint est son nom.
(Lc 1, 49)

Prière après la communion

Tu nous as fait participer à la rédemption éternelle, et nous te prions, Seigneur : alors que nous faisons mémoire de la Mère de ton Fils, comble-nous de la plénitude de ta grâce, et fais-nous éprouver toujours davantage les effets du salut. Par le Christ, notre Seigneur. — ***Amen.***

DIMANCHE 3 AOÛT 2025

18E DIMANCHE DU TEMPS ORDINAIRE

ANNÉE C – COULEUR LITURGIQUE : VERT

« Et ce que tu auras accumulé, qui l'aura ? »
Luc 12, 20

Les biens matériels sont remis à leur juste place dans les lectures de ce dimanche. Bien sûr, nous avons besoin d'argent pour vivre, mais l'accumulation des biens ne peut être un but en soi. L'apôtre Paul nous invite à « rechercher les réalités d'en haut ». Regardons notre vie : quels désirs nous animent ? Demandons au Seigneur de faire grandir en nous le désir de devenir des saints.

RITES INITIAUX

Chant d'entrée *(Suggestions p. 265)*

OU

Antienne d'ouverture

Dieu, viens à mon aide, Seigneur, viens vite à mon secours.
Tu es mon secours, mon libérateur, Seigneur, ne tarde pas !
(cf. Ps 69, 2.6)

Suggestion de préparation pénitentielle *(ou p. 236)*

Frères et sœurs, en ce dimanche où le Christ nous appelle à être riches en vue de Dieu, préparons-nous à célébrer le mystère de l'eucharistie en reconnaissant notre péché.

Prends pitié de nous, Seigneur, toi notre vraie richesse, tu nous apprends la vraie mesure de nos jours.

— Nous avons péché contre toi.

Montre-nous, ta miséricorde, ô Christ, toi qui nous apprends à rejeter toute âpreté au bien, tu nous invites à la générosité et au partage.

— Et donne-nous ton salut.

Que Dieu tout-puissant nous fasse miséricorde ; qu'il nous pardonne nos péchés et nous conduise à la vie éternelle. ***— Amen.***

Gloire à Dieu *(p. 238)*

Prière

Sois proche, Seigneur, de ceux qui te servent et montre à ceux qui t'implorent ton éternelle bonté ; c'est leur fierté d'avoir en toi leur Créateur et leur Guide : restaure pour eux ta création, et l'ayant renouvelée, protège-la. Par Jésus… — ***Amen.***

LITURGIE DE LA PAROLE

Lecture du livre de Qohèleth (1, 2 ; 2, 21-23)

« Que reste-t-il à l'homme de toute sa peine ? »

Vanité des vanités, disait Qohèleth. Vanité des vanités, tout est vanité ! Un homme s'est donné de la peine ; il est avisé, il s'y connaissait, il a réussi. Et voilà qu'il doit laisser son bien à quelqu'un qui ne s'est donné aucune peine. Cela aussi n'est que vanité, c'est un grand mal !
En effet, que reste-t-il à l'homme de toute la peine et de tous les calculs pour lesquels il se fatigue sous le soleil ? Tous ses jours sont autant de souffrances, ses occupations sont autant de tourments : même la nuit, son cœur n'a pas de repos. Cela aussi n'est que vanité.
– Parole du Seigneur.

Psaume 89 (90)

℟ *D'âge en âge, Seigneur, tu as été notre refuge.*

T. : AELF; M. : J.-P. Hervy; Éd. : ADF.

Tu fais retourner l'homme à la poussière ;
tu as dit : « Retournez, fils d'Adam ! »
À tes yeux, mille ans sont comme hier,
c'est un jour qui s'en va, une heure dans la nuit. ℟

Tu les as balayés : ce n'est qu'un songe ;
dès le matin, c'est une herbe changeante :
elle fleurit le matin, elle change ;
le soir, elle est fanée, desséchée. ℟

Apprends-nous la vraie mesure de nos jours :
que nos cœurs pénètrent la sagesse.
Reviens, Seigneur, pourquoi tarder ?
Ravise-toi par égard pour tes serviteurs. ℟

Écoutez ce psaume sur www.prionseneglise.fr/messe-du-dimanche

℟ *D'âge en âge, Seigneur, tu as été notre refuge.*

Rassasie-nous de ton amour au matin,
que nous passions nos jours dans la joie et les chants.
Que vienne sur nous la douceur du Seigneur notre Dieu !
Consolide pour nous l'ouvrage de nos mains. ℟

Lecture de la lettre de saint Paul apôtre aux Colossiens (3, 1-5.9-11)

« Recherchez les réalités d'en haut ; c'est là qu'est le Christ »

Frères, si vous êtes ressuscités avec le Christ, recherchez les réalités d'en haut : c'est là qu'est le Christ, assis à la droite de Dieu. Pensez aux réalités d'en haut, non à celles de la terre. En effet, vous êtes passés par la mort, et votre vie reste cachée avec le Christ en Dieu. Quand paraîtra le Christ, votre vie, alors vous aussi, vous paraîtrez avec lui dans la gloire. Faites donc mourir en vous ce qui n'appartient qu'à la terre : débauche, impureté, passion, désir mauvais, et cette soif de posséder, qui est une idolâtrie. Plus de mensonge entre vous : vous vous êtes débarrassés de l'homme ancien qui était en vous et de ses façons d'agir, et vous vous êtes revêtus de l'homme nouveau qui, pour se conformer à l'image de son Créateur, se renouvelle sans cesse en vue de la pleine connaissance. Ainsi, il n'y a plus le païen et le Juif, le circoncis et l'incirconcis, il n'y a plus le barbare ou le primitif, l'esclave et l'homme libre ; mais il y a le Christ : il est tout, et en tous.
– Parole du Seigneur.

Acclamation de l'Évangile

Alléluia. Alléluia. Heureux les pauvres de cœur, car le royaume des Cieux est à eux ! ***Alléluia.***

T. : AELF ; M. : P. Robert.

Évangile de Jésus Christ selon saint Luc (12, 13-21)

« Ce que tu auras accumulé, qui l'aura ? »

En ce temps-là, du milieu de la foule, quelqu'un demanda à Jésus : « Maître, dis à mon frère de partager avec moi notre héritage. » Jésus lui répondit : « Homme, qui donc m'a établi pour être votre juge ou l'arbitre de vos partages ? » Puis, s'adressant à tous : « Gardez-vous bien de toute avidité, car la vie de quelqu'un, même dans l'abondance, ne dépend pas de ce qu'il possède. » Et il leur dit cette parabole : « Il y avait un homme riche, dont le domaine avait bien rapporté. Il se demandait : "Que vais-je faire ? Car je n'ai pas de place pour mettre ma récolte." Puis il se dit : "Voici

ce que je vais faire : je vais démolir mes greniers, j'en construirai de plus grands et j'y mettrai tout mon blé et tous mes biens. Alors je me dirai à moi-même : Te voilà donc avec de nombreux biens à ta disposition, pour de nombreuses années. Repose-toi, mange, bois, jouis de l'existence." Mais Dieu lui dit : "Tu es fou : cette nuit même, on va te redemander ta vie. Et ce que tu auras accumulé, qui l'aura ?" Voilà ce qui arrive à celui qui amasse pour lui-même, au lieu d'être riche en vue de Dieu. »

Homélie

Profession de foi *(p. 239)*

Suggestion de prière universelle

Le prêtre :

Le Christ ne reste pas insensible à nos prières. Avec confiance, tournons-nous vers lui, prions-le pour l'Église et pour le monde.

℟ ***Entends, Seigneur, la prière qui monte de nos cœurs.***

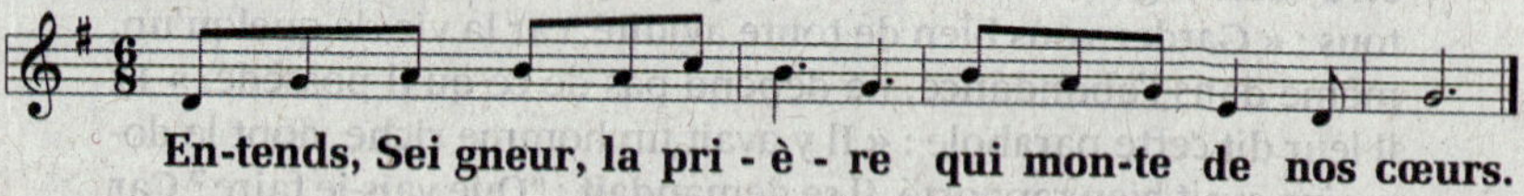

Bayard Liturgie.

Le diacre ou un lecteur :

« Être riche en vue de Dieu. » Ô Christ, nous te prions pour les moines, pour les moniales et tous les consacrés, qui ont choisi de se donner entièrement à toi et aux autres. Que leur vie de prière et de partage soit une lueur pour notre monde. Ensemble, prions. ℟

« Que nos cœurs pénètrent la sagesse. » Ô Christ, nous te prions pour les responsables politiques qui peuvent être tentés d'amasser pour eux-mêmes. Donne-leur de veiller au partage des richesses et de prendre soin des plus fragiles. Ensemble, prions. ℟

« Reviens, Seigneur, pourquoi tarder ? » Ô Christ, nous te prions pour les femmes et les hommes brisés par la misère et pour ceux qui cherchent en vain un emploi. Réconforte-les et donne-leur des raisons d'aller de l'avant. Ensemble, prions. ℟

« Que nous passions nos jours dans la joie et les chants. » Ô Christ, nous te prions pour les jeunes rassemblés à Rome pour le jubilé. Consolide en eux la foi, l'espérance et la solidarité fraternelle. Avec joie, ensemble, prions ! ℟

(Ces intentions seront adaptées ou modifiées selon les circonstances. On peut aussi s'inspirer de l'intention universelle du Saint-Père, p. 6.)

Le prêtre :

Seigneur Jésus, toi qui nous invites à nous tourner vers toi, daigne écouter nos prières et viens les exaucer, toi qui vis et règnes pour les siècles des siècles. — ***Amen.***

LITURGIE EUCHARISTIQUE

Prière sur les offrandes

Dans ta bonté, sanctifie ces dons, nous t'en prions, Seigneur ; accepte le sacrifice spirituel que nous t'offrons, et fais de nous-mêmes une éternelle offrande pour toi. Par le Christ, notre Seigneur. **— *Amen.***

Prière eucharistique

(Préface des dimanches, p. 243)

Chant de communion

(Suggestions p. 265)

OU

Antienne de la communion

Tu nous as donné, Seigneur, le pain venu du ciel,
pain aux multiples saveurs qui comble tous les goûts.
(Sg 16, 20)

OU

Je suis le pain de la vie, dit le Seigneur,
celui qui vient à moi n'aura jamais faim,
celui qui croit en moi n'aura jamais soif.
(Jn 6, 35)

Prière après la communion
Seigneur, entoure d'une constante protection ceux que tu as renouvelés par le don du ciel; puisque tu ne cesses de les réconforter, rends-les dignes de la rédemption éternelle. Par le Christ, notre Seigneur.
— Amen.

RITE DE CONCLUSION

Bénédiction

Envoi

COMMENTAIRE DU DIMANCHE

Marie-Caroline Bustarret, théologienne,
enseignante aux facultés Loyola Paris

La véritable autorité

Un homme vient demander à Jésus d'arbitrer un conflit autour d'un héritage. Jésus a l'air agacé par cette requête : « Qui donc m'a établi pour être votre juge ? », répond-il d'emblée un peu sèchement. Jésus ne veut pas être traité comme si son autorité spirituelle lui conférait un droit de regard sur toute affaire. Ou comme si cette autorité légitimait qu'il se fasse servir ou, plus grave encore, qu'il prenne la place de Dieu. D'autres passages laissent transparaître sa méfiance à ce sujet. Remémorons-nous sa réponse – « Il n'y a de bon que Dieu seul » – à l'homme qui lui donne le titre de « bon maître » (cf. Lc 18, 18-19), son insistance à se faire baptiser par Jean le Baptiste quand ce dernier se déclare indigne d'accomplir un tel geste, ou encore sa remarque à Pierre, qui refuse que Jésus lui lave les pieds.

Certes, tout au long des Évangiles Jésus accepte d'être appelé « maître », mais il reste prudent face à la fascination que son ascendant spirituel suscite. Il détient la véritable autorité, celle qui refuse de s'imposer. Ainsi, il ne répond pas à la demande de l'homme, il le renvoie à sa liberté dans la gestion de ses relations et de ses affaires. Mais, par sa réaction que nous venons de relever et la parabole qu'il raconte ensuite, Jésus donne une leçon bien utile sur l'idolâtrie : il faut nous garder de celle qui vise les hommes autant que de celle qui vise les choses.

De mon côté, qu'est-ce que je pense de ce Jésus qui me renvoie à ma liberté, qui me suggère de m'assumer pleinement ?

De quelles richesses « en vue de Dieu » puis-je rendre compte aujourd'hui ? ■

Prions en Église Junior

LIRE L'ÉVANGILE AVEC LES ENFANTS

CE QUE JE DÉCOUVRE

Quelqu'un demande à Jésus de faire l'arbitre dans ses problèmes d'argent. Jésus refuse de juger cette affaire. Il en profite pour rappeler qu'il y a des richesses qu'on n'emportera pas au Ciel. **Pour Jésus, le bonheur qui dure, c'est la rencontre avec Dieu.** Parfois, on peut croire que le bonheur, c'est d'avoir beaucoup (d'argent, de cadeaux...). Mais le plus important, c'est d'être « riche en vue de Dieu », c'est la richesse du cœur. **Tous, nous sommes riches des richesses de Dieu :** sa douceur, sa joie, son amour, son pardon... Ces richesses-là, on peut même les offrir aux autres !

CE QUE JE VIS

Quelles sont les richesses de ton cœur ?
En fais-tu profiter les autres ?
Note les richesses que tu reçois de Dieu. Puis remercie-le.
Note celles que tu partages avec les autres.

Texte : Cédric Kuntz. Illustrations : Marcelino Truong

MÉDITATION BIBLIQUE

18E DIMANCHE DU TEMPS ORDINAIRE

Livre de Qohèleth 1, 2 ; 2, 21-23

Paroles de sage

L'Écriture nous invite à nous confronter aux grandes questions de l'existence, même si elles nous dérangent. Ainsi, nous sommes conviés à nous interroger sur ce qui a vraiment de la valeur pour nous.

Le temps de la préparation

« Apprends-nous la vraie mesure de nos jours : que nos cœurs pénètrent la sagesse. » (Ps 89, 12)

Le temps de l'observation

Le livre de Qohèleth nous fait entrer sans ménagement dans le vif du sujet que représente une existence « vouée » à la mort. Il semble disqualifier d'emblée les réalisations humaines qu'il taxe de « vanité » – un terme hébreu évoquant la fumée ou la buée, ce qui s'évapore et n'a aucune consistance. En quelques versets, il associe au travail et à ses succès les termes de « peine », de « calculs », de « souffrances », de « tourments », l'absence de repos « même la nuit ». Il donne ainsi à voir des hommes totalement aliénés par leur travail. Un travail dont •••

... ils ne profiteront pas vraiment, puisque leur mort mettra un terme à leur réussite. Le portrait est saisissant et serait démoralisant s'il s'arrêtait là. Mais la suite du livre ouvre de belles perspectives au lecteur piqué au vif par ces propos abrupts. Quoi qu'il en soit, le sage incite chacun à s'asseoir pour faire le bilan de sa vie, stopper la fuite en avant et se poser la question du sens.

Le temps de la méditation

Par ses réflexions, Qohèleth nous invite donc indirectement à discerner quel est notre désir profond – en d'autres termes ce qui nous importe réellement et vaut la peine que nous nous mobilisions. Et cela, à la lumière de la Révélation. Or que nous dit celle-ci, sinon que le bonheur est d'abord à chercher dans la relation à Dieu et aux autres (proches ou moins proches), et non dans l'accumulation de richesses que nous laisserons le jour de notre mort ? Elle nous apprend aussi à discerner les temps et les moments (cf. Qo 3, 1), à goûter les plaisirs simples et à y reconnaître le don de Dieu (cf. Qo 5, 17), enfin à privilégier ce qui a valeur d'éternité, à savoir l'amour qui ne passera pas (cf. 1 Co 13, 8). Ce qui suppose de travailler notre confiance en Dieu et d'acquérir ce détachement qui est sagesse et rend chaque instant précieux dans sa fragilité même. Car n'est-ce pas cela vivre pleinement notre vocation de pèlerin sur la terre (cf. He 11, 13) ?

Le temps de la prière

Seigneur, « rassasie-nous de ton amour au matin ». (Ps 89, 14) ■

Emmanuelle Billoteau,
ermite

LA SAINTE DU MOIS

5 AOÛT : SAINTE NONNA (VERS 305-374)

Apôtre en son foyer

Comment rendre hommage à celles et ceux que nous avons aimés, admirés, une fois qu'ils nous ont quittés ? Pour saint Grégoire de Nazianze (329-390), homme de foi et homme de lettres, la réponse allait de soi : par la plume ! Le célèbre Père grec de l'Église consacra ainsi une cinquantaine d'épigrammes louangeuses à la mémoire de sa mère, Nonna. Ces très courts poèmes, ajoutés aux indications contenues dans ses autres écrits, permettent d'esquisser un portrait de cette chrétienne fervente. Née au début du IVe siècle dans une famille pieuse, Nonna épousa un riche propriétaire terrien que l'on nomma par la suite Grégoire de Nazianze l'Ancien, pour le distinguer de son •••

••• fils. Cet homme appartenait à une secte – les hypsistariens – répandue à l'époque en Cappadoce (Turquie centrale actuelle) et « était alors si loin de la Lumière ». Par ses prières, son exemple et ses paroles, Nonna parvint lentement, patiemment, à conduire son mari au baptême. L'enthousiasme du néophyte était tel qu'il fut, quelque temps plus tard, désigné évêque de Nazianze ! Nonna accorda aussi une grande importance à la formation chrétienne de leurs trois enfants : Gorgonie, Césaire et, bien sûr, Grégoire. Dans ses épigrammes, ce dernier décrit sa mère comme une femme active « au cœur viril », semblable à la femme vaillante de la Bible (cf. Pr 31, 10-31). Il souligne sa dévotion envers la Trinité, « sa constance dans la prière », sa générosité envers les veuves et les orphelins, son respect intangible du dimanche, son ascétisme résolu et caché. Mais ce qui l'impressionne le plus, ce sont les derniers instants de la vie de sa mère, en l'an 374 : Nonna rendit son âme à Dieu alors qu'elle était en train de prier dans l'église, au pied même de l'autel. Et son fils d'écrire : « Tu as obtenu une fin plus pure encore que ton existence. » Nonna, son époux et leurs trois enfants sont tous les cinq vénérés comme saints. ■

Xavier Lecœur, journaliste et historien

UNE SAINTE POUR AUJOURD'HUI

Bien qu'ayant vécu il y a dix-sept siècles, sainte Nonna de Nazianze continue d'illustrer le rôle capital, central, que les mères de famille sont appelées à exercer au sein des petites – et si précieuses – Églises domestiques qu'elles forment avec leur mari et leurs enfants.

LUNDI 4 AOÛT 2025

18E SEMAINE DU TEMPS ORDINAIRE COULEUR LITURGIQUE : BLANC

Saint Jean-Marie Vianney

1786-1859. Le Curé d'Ars mena une vie de prière et de pénitence qui ramena à Dieu une paroisse peu pratiquante. Sa réputation de confesseur attira à lui des milliers de pèlerins.

3-9

Antienne d'ouverture

Que la croix de notre Seigneur Jésus Christ soit ma seule fierté.
Par elle, le monde est crucifié pour moi, et moi pour le monde. (Ga 6, 14)

Prière

Dieu de puissance et de miséricorde, tu as fait de saint Jean-Marie Vianney un prêtre admirable, passionnément dévoué à son ministère pastoral ; accorde-nous, par sa prière et à son exemple, d'avoir pour nos frères une charité qui les gagne au Christ, et d'obtenir avec eux la gloire éternelle. Par Jésus… ***— Amen.***

Lecture

du livre des Nombres (11, 4b-15)

« Je ne puis, à moi seul, porter tout ce peuple »

En ces jours-là, dans le désert, les fils d'Israël se remirent à pleurer : « Ah ! qui donc nous donnera de la viande à manger ? Nous nous rappelons encore le poisson que nous mangions pour rien en Égypte, et les concombres, les melons, les poireaux, les oignons et l'ail ! Maintenant notre gorge est desséchée ; nous ne voyons jamais rien que de la manne ! » La manne était comme des grains de coriandre, elle ressemblait à de l'ambre jaune. Le peuple se dispersait pour la recueillir ; puis on la broyait sous la

meule, ou on l'écrasait au pilon ; enfin on la cuisait dans la marmite et on en faisait des galettes. Elle avait le goût d'une friandise à l'huile. Lorsque, pendant la nuit, la rosée descendait sur le camp, la manne descendait sur elle.

Moïse entendit pleurer le peuple, groupé par clans, chacun à l'entrée de sa tente. Le Seigneur s'enflamma d'une grande colère. Cela déplut à Moïse, et il dit au Seigneur : « Pourquoi traiter si mal ton serviteur ? Pourquoi n'ai-je pas trouvé grâce à tes yeux que tu m'aies imposé le fardeau de tout ce peuple ? Est-ce moi qui ai conçu tout ce peuple, est-ce moi qui l'ai enfanté, pour que tu me dises : "Comme on porte un nourrisson, porte ce peuple* dans tes bras jusqu'au pays que j'ai juré de donner à tes pères" ? Où puis-je trouver de la viande pour en donner à tout ce peuple, quand ils viennent pleurer près de moi en disant : "Donne-nous de la viande à manger" ? Je ne puis, à moi seul, porter tout ce peuple : c'est trop lourd pour moi. Si c'est ainsi que tu me traites, tue-moi donc ; oui, tue-moi, si j'ai trouvé grâce à tes yeux. Que je ne voie pas mon malheur ! »

– Parole du Seigneur.

Psaume 80 (81)

℟ ***Criez de joie pour Dieu, notre force !***

« Mon peuple n'a pas écout<u>é</u> ma voix,
Israël n'a pas voul<u>u</u> de moi.
Je l'ai livré à son cœ<u>u</u>r endurci :
qu'il aille et su<u>i</u>ve ses vues ! ℟

« Ah ! Si mon pe<u>u</u>ple m'écoutait,
Israël, s'il all<u>a</u>it sur mes chemins !
Aussitôt j'humilier<u>a</u>is ses ennemis,
contre ses oppresseurs je tourner<u>a</u>is ma main. ℟

« Mes adversaires s'abaisseraient devant lui ;
tel serait leur sort à jamais !

Je le nourrirais de la fleur du froment,
je le rassasierais avec le miel du rocher ! » ℟

Acclamation de l'Évangile

Alléluia. Alléluia. L'homme ne vit pas seulement de pain, mais de toute parole qui sort de la bouche de Dieu. ***Alléluia.***

Évangile de Jésus Christ

selon saint Matthieu (14, 13-21)

« Levant les yeux au ciel, il prononça la bénédiction ; il rompit les pains, il les donna aux disciples, et les disciples les donnèrent à la foule »

En ce temps-là, quand Jésus apprit la mort de Jean le Baptiste, il se retira et partit en barque pour un endroit désert, à l'écart. Les foules l'apprirent et, quittant leurs villes, elles suivirent à pied. En débarquant, il vit une grande foule de gens ; il fut saisi de compassion envers eux et guérit leurs malades.

Le soir venu, les disciples s'approchèrent et lui dirent : « L'endroit est désert et l'heure est déjà avancée. Renvoie donc la foule : qu'ils aillent dans les villages s'acheter de la nourriture ! » Mais Jésus leur dit : « Ils n'ont pas besoin de s'en aller. Donnez-leur vous-mêmes à manger. » Alors ils lui disent : « Nous n'avons là que cinq pains et deux poissons. » Jésus dit : « Apportez-les moi. » Puis, ordonnant à la foule de s'asseoir sur l'herbe, il prit les cinq pains et les deux poissons, et, levant les yeux au ciel, il prononça la bénédiction ; il rompit les pains, il les donna aux disciples, et les disciples les donnèrent à la foule. Ils mangèrent tous et ils furent rassasiés. On ramassa les morceaux qui restaient : cela faisait douze paniers pleins. Ceux qui avaient mangé étaient environ cinq mille, sans compter les femmes et les enfants.

Prière sur les offrandes

Dieu éternel et tout-puissant, que descende sur cette offrande sainte la plénitude invisible de l'Esprit ; donne-nous, à la prière de saint Jean-Marie Vianney, d'approcher toujours de ce grand mystère avec un corps chaste et un cœur pur. Par le Christ, notre Seigneur. — ***Amen.***

Antienne de la communion

Je trouve la joie dans les souffrances
que je supporte pour vous ;
ce qui reste à souffrir des épreuves
du Christ dans ma propre chair,
je l'accomplis pour son corps
qui est l'Église.
(Col 1, 24-25)

Prière après la communion

Fortifiés par le pain du ciel, nous te supplions, Seigneur : grâce à cette nourriture, saint Jean-Marie Vianney endurait sans faiblir toutes les contradictions ; fais-nous progresser de jour en jour par ses mérites et, comme lui, parvenir enfin jusqu'à toi. Par le Christ, notre Seigneur. — ***Amen.***

INVITATION

Les jeunes qui ont vécu leur jubilé à Rome jusqu'à hier rentrent chez eux. Aujourd'hui, je les porte dans ma prière.

COMMENTAIRE

L'aujourd'hui de Dieu Nombres 11, 4b-15

Le livre des Nombres nous invite à nous interroger sur notre rapport à l'aujourd'hui de Dieu. Le peuple, comme nous le faisons souvent, idéalise le passé et en vient à préférer un « confort » relatif – pourtant assorti d'une servitude bien réelle – à la nouveauté d'un présent dont il ne constate que l'aspect répétitif et lassant. N'est-ce pas là la manifestation de l'oubli, oubli de l'oppression, des hauts faits de Dieu, de sa présence active et de sa promesse, qui s'accomplira en son temps ? ■

***Emmanuelle Billoteau**, ermite*

✲ CLÉ DE LECTURE

« Porte ce peuple » Nombres 11, 12 *(p. 42)*

Un texte sidérant : nous découvrons la haute figure de Moïse à ce point solidaire de son peuple qu'il vient supplier Dieu pour lui, à ce point responsable qu'il est écrasé par le fardeau de ces gens infidèles ! Une figure maternelle, puisque Moïse rappelle que Dieu lui a confié le peuple comme à une nourrice, qui doit allaiter un enfant. Mais Moïse, profondément humain, se révèle fragile à son tour. La charge est trop lourde. Car c'est Dieu qui a conçu le peuple, c'est lui la mère qui l'a enfanté et qui a fait de Moïse son serviteur. Pris en étau entre le peuple dont il reste solidaire jusqu'au bout et Dieu qui le lui a confié, Moïse veut mourir. Mais Dieu ne veut pas la mort, il veut la vie de son serviteur comme celle de son peuple indigne. ■

***Roselyne Dupont-Roc**, bibliste*

MARDI 5 AOÛT 2025

18E SEMAINE DU TEMPS ORDINAIRE COULEUR LITURGIQUE : VERT

Temps ordinaire, *suggestion d'oraisons et d'antiennes n° 32*
ou **dédicace de la basilique Sainte-Marie-Majeure,** *voir p. 51*

Antienne d'ouverture

Que ma prière parvienne jusqu'à toi ;
ouvre ton oreille à ma plainte, Seigneur. (cf. Ps 87, 3)

Prière

Dieu de puissance et de miséricorde, éloigne de nous, dans ta bonté, tout ce qui nous arrête, afin que sans aucune entrave, ni d'esprit ni de corps, nous accomplissions d'un cœur libre ce qui vient de toi. Par Jésus… ***— Amen.***

Lecture

du livre des Nombres (12, 1-13)

« Pourquoi avez-vous osé critiquer mon serviteur Moïse ?
C'est de vive voix que je lui parle »

En ces jours-là, parce que Moïse avait épousé une femme éthiopienne, sa sœur Miryam et son frère Aaron se mirent à le critiquer. Ils disaient : « Le Seigneur parle-t-il uniquement par Moïse ? Ne parle-t-il pas aussi par nous ? » Le Seigneur entendit. – Or, Moïse était très humble, l'homme le plus humble que la terre ait porté. Soudain, le Seigneur dit à Moïse, à Aaron et à Miryam : « Sortez tous les trois pour aller à la tente de la Rencontre. » Ils sortirent tous les trois. Le Seigneur

descendit dans la colonne de nuée et s'arrêta à l'entrée de la Tente. Il appela Aaron et Miryam ; tous deux s'avancèrent, et il leur dit : « Écoutez bien mes paroles : Quand il y a parmi vous un prophète du Seigneur, je me fais connaître à lui dans une vision, je lui parle dans un songe. Il n'en est pas ainsi pour mon serviteur Moïse, lui qui, dans toute ma maison, est digne de confiance : c'est de vive voix que je lui parle, dans une vision claire et non pas en énigmes ; ce qu'il regarde, c'est la forme même du Seigneur. Pourquoi avez-vous osé critiquer mon serviteur Moïse ? » La colère du Seigneur s'enflamma contre eux, puis il s'en alla. La nuée s'éloigna de la tente, et voici : Miryam était couverte d'une lèpre blanche comme de la neige. Aaron se tourna vers elle, et voici qu'elle était lépreuse. Il dit alors à Moïse : « Je t'en supplie, mon seigneur, ne fais pas retomber sur nous ce péché que nous avons eu la folie de commettre. Que Miryam ne soit pas comme l'enfant mort-né dont la chair est à demi rongée lorsqu'il sort du sein de sa mère ! » Moïse cria vers le Seigneur : « Dieu, je t'en prie, guéris-la ! »
– Parole du Seigneur.

Psaume 50 (51)

℟ ***Pitié, Seigneur, car nous avons péché !***

Pitié pour moi, mon Dieu, dans ton amour,
selon ta grande miséricorde, efface mon péché.
Lave-moi tout entier de ma faute,
purifie-moi de mon offense. ℟

Oui, je connais mon péché,
ma faute est toujours devant moi.
Contre toi, et toi seul, j'ai péché,
ce qui est mal à tes yeux, je l'ai fait. ℟

Crée en moi un cœur pur, ô mon Dieu,
renouvelle et raffermis au fond de moi mon esprit.
Ne me chasse pas loin de ta face,
ne me reprends pas ton esprit saint. ℟

Acclamation de l'Évangile

Alléluia. Alléluia. Rabbi, c'est toi le Fils de Dieu ! C'est toi le roi d'Israël ! ***Alléluia.***

Évangile de Jésus Christ

selon saint Matthieu (14, 22-36)

« Seigneur, ordonne-moi de venir vers toi sur les eaux »

Jésus avait nourri la foule dans le désert. Aussitôt il obligea les disciples à monter dans la barque et à le précéder sur l'autre rive, pendant qu'il renverrait les foules. Quand il les eut renvoyées, il gravit la montagne, à l'écart, pour prier. Le soir venu, il était là, seul. La barque était déjà à une bonne distance de la terre, elle était battue par les vagues, car le vent était contraire.

Vers la fin de la nuit, Jésus vint vers eux en marchant sur la mer. En le voyant marcher sur la mer, les disciples furent bouleversés. Ils dirent : « C'est un fantôme. » Pris de peur, ils se mirent à crier. Mais aussitôt Jésus leur parla : « Confiance ! c'est moi ; n'ayez plus peur ! » Pierre prit alors la parole : « Seigneur, si c'est bien toi, ordonne-moi de venir vers toi sur les eaux. » Jésus lui dit : « Viens ! » Pierre descendit de la barque et marcha sur les eaux pour aller vers Jésus. Mais, voyant la force du vent, il eut peur et, comme il commençait à enfoncer, il cria : « Seigneur, sauve-moi ! » Aussitôt, Jésus étendit la main, le saisit et lui dit : « Homme de peu de foi, pourquoi as-tu douté ? » Et quand ils furent montés dans la barque, le vent tomba. Alors ceux qui étaient dans la barque se prosternèrent devant lui, et ils lui dirent : « Vraiment, tu es le Fils de Dieu ! »

Après la traversée, ils abordèrent à Génésareth. Les gens de cet endroit reconnurent Jésus ; ils firent avertir toute la région, et on lui amena tous les malades.
Ils le suppliaient de leur laisser seulement toucher la frange de son manteau, et tous ceux qui le faisaient furent sauvés.

Prière sur les offrandes

Sur les offrandes que nous présentons pour le sacrifice, nous t'en prions, Seigneur, jette un regard favorable, afin que, par la ferveur de notre amour, nous obtenions ce que nous célébrons dans le mystère de la passion de ton Fils. Lui qui… — ***Amen.***

Antienne de la communion

Le Seigneur est mon berger :
je ne manque de rien.
Sur des prés d'herbe fraîche,
il me fait reposer.
Il me mène vers les eaux tranquilles
et me fait revivre. (Ps 22, 1-2)

OU

Les disciples reconnurent
le Seigneur Jésus
à la fraction du pain, alléluia.
(cf. Lc 24, 35)

Prière après la communion
Fortifiés par le don très saint que tu nous fais, Seigneur, nous te rendons grâce et nous implorons ta bonté : que, par le don de ton Esprit, ceux qui ont reçu la force d'en haut aient la grâce de persévérer dans la droiture. Par le Christ, notre Seigneur. — ***Amen.***

INVITATION

Je connais peut-être une personne qui vit une situation difficile.
Aujourd'hui, je prends le temps de l'appeler ou de lui envoyer un message pour lui rappeler qu'elle n'est pas seule.

COMMENTAIRE

La juste place

Nombres 12, 1-13

La relation privilégiée de Moïse au Seigneur, source de jalousie et de médisance, n'est-elle pas à chercher dans son humilité ? Une humilité qui ne consiste pas à « raser les murs » ou à « s'écraser » devant autrui, mais à se situer dans sa propre vérité faite de grandeur et d'impuissance. Moïse savait crier vers le Seigneur, lui exprimer ses résistances, ses peurs et recevoir de lui la force d'avancer. Et Dieu lui répondait, parlant avec lui, comme un ami parle à son ami (cf. Ex 33, 11). ■

Emmanuelle Billoteau, *ermite*

Dédicace de la basilique Sainte-Marie-Majeure

Couleur liturgique : blanc

La liturgie rappelle aujourd'hui la consécration d'une des quatre grandes basiliques de Rome, dédiée à la Vierge Marie en 432. Le temple de pierre figure la construction spirituelle de l'Église, faite de pierres vivantes.

Antienne d'ouverture

Nous te saluons, Mère très sainte :
tu as mis au monde le Roi
qui gouverne le ciel et la terre
pour les siècles sans fin.

Prière

Seigneur, nous t'en prions : pardonne les péchés de tes serviteurs ; puisque nous ne pouvons te plaire par nos propres actes, que l'intercession de la Mère de ton Fils, notre Seigneur, nous obtienne le salut. Lui qui… ***— Amen.***

Prière sur les offrandes

Dans son amour pour l'humanité, que ton Fils unique vienne à notre secours, Seigneur ; sa naissance n'a pas altéré mais consacré l'intégrité virginale de sa mère ; qu'il nous délivre de nos péchés et te rende agréable cette offrande. Lui qui… ***— Amen.***

Préface de la Vierge Marie, p. 245.

Antienne de la communion

Heureuse la Vierge Marie, qui a porté dans son sein le Fils du Père éternel.
(cf. Lc 11, 27)

Prière après la communion

En communiant aux sacrements du ciel, nous implorons ta bonté, Seigneur : puisque nous avons la joie de faire mémoire de la bienheureuse Vierge Marie, rends-nous capables de nous mettre, à son imitation, au service du mystère de notre rédemption. Par le Christ, notre Seigneur. ***— Amen.***

MERCREDI 6 AOÛT 2025

COULEUR LITURGIQUE : BLANC

Transfiguration du Seigneur

La Transfiguration du Christ sur le mont Thabor est célébrée quarante jours avant la Croix glorieuse, pour « préparer le cœur de ses disciples à surmonter le scandale de la Croix ».

Antienne d'ouverture

L'Esprit Saint apparut dans la nuée lumineuse,
et la voix du Père se fit entendre : « Celui-ci est mon Fils bien-aimé,
en qui je trouve ma joie : écoutez-le ! » (cf. Mt 17, 5)

Gloire à Dieu *(p. 238)*

(p. 238)

Prière

Seigneur Dieu, dans la transfiguration glorieuse de ton Fils unique, tu as confirmé par le témoignage de Moïse et d'Élie la vérité des mystères de la foi, et tu as donné à l'avance un signe merveilleux de notre pleine adoption filiale ; accorde aux serviteurs que nous sommes d'écouter la voix de ton Fils bien-aimé, afin de pouvoir devenir avec lui tes héritiers. Lui qui… — ***Amen.***

Lectures propres à la fête de la Transfiguration du Seigneur.

Lecture

de la deuxième lettre de saint Pierre apôtre (1, 16-19)

« Cette voix venant du ciel, nous l'avons nous-mêmes entendue »

Bien-aimés, ce n'est pas en ayant recours à des récits imaginaires sophistiqués que nous vous avons fait connaître la puissance et la venue de notre Seigneur Jésus Christ, mais c'est pour avoir été les témoins oculaires

de sa grandeur. Car il a reçu de Dieu le Père l'honneur et la gloire quand, depuis la Gloire magnifique, lui parvint une voix qui disait : *Celui-ci est mon Fils, mon bien-aimé ; en lui j'ai toute ma joie.* Cette voix venant du ciel, nous l'avons nous-mêmes entendue quand nous étions avec lui sur la montagne sainte. Et ainsi se confirme pour nous la parole prophétique* ; vous faites bien de fixer votre attention sur elle, comme sur une lampe brillant dans un lieu obscur jusqu'à ce que paraisse le jour et que l'étoile du matin se lève dans vos cœurs.
– Parole du Seigneur.

On peut aussi lire Daniel (7, 9-10.13-14).

Psaume 96 (97)

℟ ***Le Seigneur est roi, le Très-Haut sur toute la terre !***

Le Seigneur est roi ! Exulte la terre !
Joie pour les îles sans nombre !
Ténèbre et nuée l'entourent,
justice et droit sont l'appui de son trône. ℟

Quand ses éclairs illuminèrent le monde,
la terre le vit et s'affola ;
les montagnes fondaient
comme cire devant le Seigneur,
devant le Maître de toute la terre. ℟

Les cieux ont proclamé sa justice,
et tous les peuples ont vu sa gloire.
Tu es, Seigneur, le Très-Haut
sur toute la terre :
tu domines de haut tous les dieux. ℟

MERCREDI 6 AOÛT 2025

Acclamation de l'Évangile

Alléluia. Alléluia. Celui-ci est mon Fils bien-aimé, en qui je trouve ma joie : écoutez-le ! ***Alléluia.***

Évangile de Jésus Christ

selon saint Luc (9, 28b-36)

« Pendant qu'il priait, l'aspect de son visage devint autre »

En ce temps-là, Jésus prit avec lui Pierre, Jean et Jacques, et il gravit la montagne pour prier. Pendant qu'il priait, l'aspect de son visage devint autre, et son vêtement devint d'une blancheur éblouissante. Voici que deux hommes s'entretenaient avec lui : c'étaient Moïse et Élie, apparus dans la gloire. Ils parlaient de son départ qui allait s'accomplir à Jérusalem. Pierre et ses compagnons étaient accablés de sommeil ; mais, restant éveillés, ils virent la gloire de Jésus, et les deux hommes à ses côtés. Ces derniers s'éloignaient de lui, quand Pierre dit à Jésus : « Maître, il est bon que nous soyons ici ! Faisons trois tentes : une pour toi, une pour Moïse, et une pour Élie. » Il ne savait pas ce qu'il disait. Pierre n'avait pas fini de parler, qu'une nuée survint et les couvrit de son ombre ; ils furent saisis de frayeur lorsqu'ils y pénétrèrent. Et, de la nuée, une voix se fit entendre : « Celui-ci est mon Fils, celui que j'ai choisi : écoutez-le ! » Et pendant que la voix se faisait entendre, il n'y avait plus que Jésus, seul.

Les disciples gardèrent le silence et, en ces jours-là, ils ne rapportèrent à personne rien de ce qu'ils avaient vu.

Prière sur les offrandes

Sanctifie nos offrandes, Seigneur, par la transfiguration glorieuse de ton Fils unique ; et, dans la splendeur de son rayonnement, purifie-nous des souillures du péché. Par le Christ, notre Seigneur. — ***Amen.***

Prière eucharistique *(Préface de la Transfiguration)*

Vraiment, il est juste et bon, pour ta gloire et notre salut, de t'offrir notre action de grâce, toujours et en tout lieu, Seigneur, Père très saint, Dieu éternel et tout-puissant, par le Christ, notre Seigneur. Car il a révélé sa gloire aux témoins qu'il avait choisis, le jour où, en son corps semblable au nôtre, se répandit une splendeur incomparable; il préparait ainsi le cœur de ses disciples à surmonter le scandale de la croix, il manifestait que s'accomplirait dans le corps tout entier de l'Église ce qui déjà rayonnait de manière admirable en lui qui en est la tête. C'est pourquoi, avec les puissances des cieux, nous pouvons te bénir sur la terre et t'adorer sans fin en proclamant : ***Saint ! Saint ! Saint…***

Antienne de la communion

Quand le Christ se manifestera,
nous lui serons semblables
car nous le verrons tel qu'il est.
(cf. 1 Jn 3, 2)

Prière après la communion

Nous t'en prions, Seigneur, que cette nourriture venue du ciel nous transforme en l'image de ton Fils dont tu as révélé la splendeur par la gloire de la Transfiguration. Lui qui… — ***Amen.***

INVITATION

En ce temps d'été où les associations prennent des vacances, je pose un geste de solidarité en offrant, par exemple, une gourde d'eau à une personne sans-abri.

COMMENTAIRE

Une prière qui ouvre les yeux Luc 9, 28b-36

Luc est le seul à mentionner la prière de Jésus entraînant ses disciples avec lui. Une prière qui le transforme et dit quelque chose de sa divinité. Une prière qui ouvre les yeux et les oreilles des disciples. Ils le découvrent alors Fils du Père, dans une relation unique à ce dernier. Voilà qui les prépare à la défiguration de la Croix et les ouvre à la dimension exodale et pascale de toute existence humaine. Cette expérience ne peut s'apprivoiser que dans la prière. ■

***Emmanuelle Billoteau,** ermite*

❊ CLÉ DE LECTURE

« La parole prophétique » 2 Pierre 1, 19 *(p. 53)*

Après les évangiles synoptiques, ce récit de la Transfiguration appartient à la lettre testamentaire qui se réclame de l'apôtre Pierre pour clore les écrits du Nouveau Testament. L'auteur s'appuie sur la tradition évangélique qu'il connaît et revisite en termes nouveaux ; la manifestation glorieuse de Jésus sur la montagne devient une « époptie », la vision finale que « les témoins oculaires » avaient de la divinité dans les parcours initiatiques. En effet, les récits évangéliques sont considérés comme une parole prophétique : à l'égal des prophètes anciens, ils font désormais autorité pour annoncer la foi dans un monde nouveau. Et la lettre, en reprenant leur prophétie et en actualisant leur vision, ouvre la voie de la grande tradition chrétienne. ■

***Roselyne Dupont-Roc,** bibliste*

JEUDI 7 AOÛT 2025

18E SEMAINE DU TEMPS ORDINAIRE COULEUR LITURGIQUE : VERT

Temps ordinaire, *suggestion d'oraisons et d'antiennes n° 33*
ou **saint Gaétan**
ou **saint Sixte II et ses compagnons**

3 - 9

Antienne d'ouverture

Mes pensées, dit le Seigneur,
sont des pensées de paix et non de malheur.
Vous m'invoquerez, je vous écouterai,
et de partout je ramènerai vos captifs.
(Jr 29, 11.12.14)

Prière

Seigneur notre Dieu, nous t'en prions : accorde-nous la joie de t'appartenir sans réserve, car c'est un bonheur durable et profond de servir constamment le créateur de tout bien. Par Jésus… ***— Amen.***

Lecture

du livre des Nombres (20, 1-13)

« L'eau jaillit en abondance »

En ces jours-là, le premier mois de l'année, toute la communauté des fils d'Israël arriva dans le désert de Cine. Le peuple s'établit à Cadès. C'est là que Miryam mourut et qu'elle fut enterrée. Comme il n'y avait pas d'eau pour la communauté, ils se rassemblèrent contre Moïse et Aaron. Le peuple chercha querelle à Moïse, en disant : « Ah ! si seulement nous

avions expiré, quand nos frères ont expiré devant le Seigneur ! Pourquoi avoir amené l'assemblée du Seigneur dans ce désert où nous allons mourir, nous et nos bêtes ? Pourquoi nous avoir fait monter d'Égypte, et nous avoir amenés dans ce lieu de malheur où l'on ne peut rien semer, où il n'y a ni figuiers, ni vignes, ni grenadiers, et même pas d'eau à boire ! »
Moïse et Aaron quittèrent l'assemblée et se rendirent à l'entrée de la tente de la Rencontre. Ils tombèrent face contre terre, et la gloire du Seigneur leur apparut.
Le Seigneur parla à Moïse. Il dit : « Prends ton bâton de chef et, avec ton frère Aaron, rassemble la communauté. Puis, sous leurs yeux, vous parlerez au rocher, et il donnera son eau. Pour eux tu feras jaillir l'eau du rocher, et tu feras boire la communauté et ses bêtes. »
Comme il en avait reçu l'ordre, Moïse prit le bâton qui était placé devant le Seigneur. Moïse et Aaron réunirent l'assemblée en face du rocher, et Moïse leur dit : « Écoutez donc, rebelles. Est-ce que nous pouvons faire jaillir de l'eau pour vous de ce rocher ? » Moïse leva la main et, de son bâton, il frappa le rocher par deux fois : l'eau jaillit en abondance, et la communauté put boire et abreuver ses bêtes.
Le Seigneur dit alors à Moïse et à son frère Aaron : « Puisque vous n'avez pas eu assez de foi pour manifester ma sainteté devant les fils d'Israël, vous ne ferez pas entrer cette assemblée dans le pays que je lui donne. »
Ce sont les eaux de Mériba (c'est-à-dire : les eaux du Défi) où les fils d'Israël ont défié le Seigneur, et où le Seigneur a manifesté parmi eux sa sainteté. – Parole du Seigneur.

Psaume 94 (95)

℟ ***Aujourd'hui, ne fermez pas votre cœur, mais écoutez la voix du Seigneur.***

Venez, crions de joie pour le Seigneur,
acclamons notre Rocher, notre salut !
Allons jusqu'à lui en rendant grâce,
par nos hymnes de fête acclamons-le ! ℟

Entrez, inclinez-vous, prosternez-vous,
adorons le Seigneur qui nous a faits.
Oui, il est notre Dieu ;
nous sommes le peuple qu'il conduit,
le troupeau guidé par sa main. ℟

Aujourd'hui écouterez-vous sa parole ?
« Ne fermez pas votre cœur comme au désert,
comme au jour de tentation et de défi,
où vos pères m'ont tenté et provoqué,
et pourtant ils avaient vu mon exploit. » ℟

Acclamation de l'Évangile

Alléluia. Alléluia. Tu es Pierre, et sur cette pierre je bâtirai mon Église ; et la puissance de la Mort ne l'emportera pas sur elle. ***Alléluia.***

Évangile de Jésus Christ

selon saint Matthieu (16, 13-23)

« Tu es Pierre, et je te donnerai les clés du royaume des Cieux »

En ce temps-là, Jésus, arrivé dans la région de Césarée-de-Philippe, demandait à ses disciples : « Au dire des gens, qui est le Fils de l'homme ? » Ils répondirent : « Pour les uns, Jean le Baptiste ; pour

d'autres, Élie ; pour d'autres encore, Jérémie ou l'un des prophètes. » Jésus leur demanda : « Et vous, que dites-vous ? Pour vous, qui suis-je ? » Alors Simon-Pierre prit la parole et dit : « Tu es le Christ, le Fils du Dieu vivant ! » Prenant la parole à son tour, Jésus lui dit : « Heureux es-tu, Simon fils de Yonas : ce n'est pas la chair et le sang qui t'ont révélé cela, mais mon Père qui est aux cieux. Et moi, je te le déclare : Tu es Pierre, et sur cette pierre je bâtirai mon Église ; et la puissance de la Mort ne l'emportera pas sur elle. Je te donnerai les clés du royaume des Cieux : tout ce que tu auras lié sur la terre sera lié dans les cieux, et tout ce que tu auras délié sur la terre sera délié dans les cieux. » Alors, il ordonna aux disciples de ne dire à personne que c'était lui le Christ.

À partir de ce moment, Jésus commença à montrer à ses disciples qu'il lui fallait partir pour Jérusalem, souffrir beaucoup de la part des anciens, des grands prêtres et des scribes, être tué, et le troisième jour ressusciter. Pierre, le prenant à part, se mit à lui faire de vifs reproches : « Dieu t'en garde, Seigneur ! cela ne t'arrivera pas. » Mais lui, se retournant, dit à Pierre : « Passe derrière moi, Satan ! Tu es pour moi une occasion de chute : tes pensées ne sont pas celles de Dieu, mais celles des hommes. »

Prière sur les offrandes

Nous t'en prions, Seigneur, Dieu de majesté : regarde les présents que nous t'offrons, et permets qu'ils nous obtiennent la grâce de te servir et de parvenir ainsi à l'éternité bienheureuse. Par le Christ, notre Seigneur. ***— Amen.***

Antienne de la communion

Pour moi, il est bon de m'attacher à Dieu, de mettre mon espoir dans le Seigneur, mon Dieu. (cf. Ps 72, 28)

OU

Amen, je vous le dis : tout ce que vous demandez dans la prière, croyez que vous l'avez obtenu, et cela vous sera accordé, dit le Seigneur. (Mc 11, 23-24)

Prière après la communion

Seigneur, nous avons reçu les dons que tu nous as faits dans ce sacrement, et nous te supplions humblement : ton Fils nous a demandé de les célébrer en mémoire de lui, qu'ils augmentent en nous la charité. Par le Christ, notre Seigneur. ***— Amen.***

INVITATION

Je prends 10 minutes pour penser à la question de Jésus : « Pour vous, qui suis-je ? » Et j'écris ma réponse sur un papier que je garde avec moi toute la journée.

COMMENTAIRE

Impuissance et confiance Nombres 20, 1-13

Face à la contestation et à l'épreuve liées au manque d'eau, Moïse et Aaron se rendent à la tente de la Rencontre pour s'en remettre à Dieu. Leur geste de prosternation exprime tout à la fois leur impuissance et leur confiance en celui pour qui « rien n'est impossible ». Laissant à Dieu le champ libre, ils font l'expérience de sa présence. Ce qui n'empêche pas la foi de Moïse, comme cela arrive à la nôtre, de flancher par la suite, quand il frappe le rocher au lieu de lui « parler ». ■

***Emmanuelle Billoteau**, ermite*

VENDREDI 8 AOÛT 2025

18E SEMAINE DU TEMPS ORDINAIRE COULEUR LITURGIQUE : BLANC

Saint Dominique

Vers 1170-1221. Fondateur de l'ordre des Frères prêcheurs (dominicains). Il lutta contre la propagation du catharisme par la prédication évangélique et par l'exemple d'une pauvreté radicale.

Antienne d'ouverture

Dans son Église, le Seigneur lui a donné la parole ;
il l'a rempli de l'esprit de sagesse et d'intelligence,
et l'a revêtu de gloire. (cf. Si 15, 5)

Prière

Accorde à ton Église, Seigneur, de trouver un secours dans les mérites et les enseignements de saint Dominique : que, dans sa grande bonté, il intercède pour nous, après avoir été un prédicateur éminent de ta vérité. Par Jésus… ***— Amen.***

Lecture

du livre du Deutéronome (4, 32-40)

« Il a aimé tes pères et il a choisi leur descendance »

Moïse disait au peuple d'Israël : « Interroge les temps anciens qui t'ont précédé, depuis le jour où Dieu créa l'homme sur la terre : d'un bout du monde à l'autre, est-il arrivé quelque chose d'aussi grand, a-t-on jamais connu rien de pareil ? Est-il un peuple qui ait entendu comme toi la voix de Dieu parlant du milieu du feu, et qui soit resté en vie ? Est-il un dieu qui ait entrepris de se choisir une nation, de venir la prendre au milieu d'une autre, à travers des épreuves, des signes, des prodiges et des combats, à main forte et à bras étendu, et par des exploits terrifiants – comme tu as vu le Seigneur ton Dieu le faire pour toi en Égypte ? Il t'a été donné de voir tout cela pour que tu saches que c'est le Seigneur qui est Dieu, il n'y en a pas d'autre. Du haut du ciel, il t'a fait entendre sa voix pour t'instruire ; sur la terre, il t'a fait voir son feu impressionnant, et tu as entendu ce qu'il te disait du milieu du feu. Parce qu'il a aimé tes pères et qu'il a choisi leur descendance, en personne il t'a fait sortir d'Égypte par sa grande force, pour chasser devant toi des nations plus grandes et plus puissantes, te faire entrer dans leur pays et te le donner en héritage, comme cela se réalise aujourd'hui. Sache donc aujourd'hui, et médite cela en ton cœur : c'est le Seigneur qui est Dieu, là-haut dans le ciel comme ici-bas sur la terre ; il n'y en a pas d'autre. Tu garderas les décrets et les commandements du Seigneur que je te donne aujourd'hui, afin d'avoir, toi et tes fils, bonheur et longue vie sur la terre que te donne le Seigneur ton Dieu, tous les jours. » – Parole du Seigneur.

Psaume 76 (77)

℟ ***Je me souviens des exploits du Seigneur.***

Je me souviens des exploits du Seigneur,
je rappelle ta merveille de jadis ;
je me redis tous tes hauts faits,
sur tes exploits je médite. ℟

Dieu, la sainteté est ton chemin !
Quel dieu est grand comme Dieu ?
Tu es le Dieu qui accomplis la merveille,
qui fais connaître chez les peuples ta force. ℟

Tu rachetas ton peuple avec puissance,
les descendants de Jacob et de Joseph.

Tu as conduit comme un troupeau ton peuple
par la main de Moïse et d'Aaron. ℟

Acclamation de l'Évangile

Alléluia. Alléluia. Heureux ceux qui sont persécutés pour la justice, car le royaume des Cieux est à eux ! ***Alléluia.***

Évangile de Jésus Christ

selon saint Matthieu (16, 24-28)

« Que pourra donner un homme en échange de sa vie ? »

En ce temps-là, Jésus disait à ses disciples : « Si quelqu'un veut marcher à ma suite, qu'il renonce à lui-même, qu'il prenne sa croix et qu'il me suive. Car celui qui veut sauver sa vie la perdra, mais qui perd sa vie à cause de moi la trouvera. Quel avantage, en effet, un homme aura-t-il à gagner le monde entier, si c'est au prix de sa vie ? Et que pourra-t-il donner en échange de sa vie ? Car le Fils de l'homme va venir avec ses anges dans la gloire de son Père ; alors il rendra à chacun selon sa conduite. Amen, je vous le dis : parmi ceux qui sont ici, certains ne connaîtront pas la mort avant d'avoir vu le Fils de l'homme venir dans son Règne. »

Prière sur les offrandes

Par l'intercession de saint Dominique, écoute avec bienveillance, Seigneur, les prières que nous te présentons ; et, par la puissance de ce sacrifice, soutiens ceux qui luttent pour la foi, en leur donnant la protection de ta grâce. Par le Christ, notre Seigneur. – ***Amen.***

Antienne de la communion

Voici le serviteur fidèle et avisé
que le maître a établi sur sa maison,
pour donner à chacun,
en temps voulu, sa part de blé.
(cf. Lc 12, 42)

Prière après la communion

Seigneur, en ce jour où nous faisons mémoire de saint Dominique, tu nous as donné en nourriture le sacrement du ciel ; fais que ton Église, ardente à te servir, en reçoive toute la force, et soit soutenue par la prière de celui qui l'éclaira de sa prédication. Par le Christ, notre Seigneur. — ***Amen.***

INVITATION

Saint Dominique, que nous fêtons aujourd'hui, a fondé l'ordre des Frères prêcheurs. Je prie pour les dominicains qui œuvrent toujours pour annoncer la Bonne Nouvelle.

COMMENTAIRE

Dieu dans nos vies — Deutéronome 4, 32-40

Savoir que le Seigneur est Dieu et qu'il n'y en a pas d'autre est le défi lancé à chacun de nous, tant le penchant à l'idolâtrie est ancré dans le cœur humain. N'avons-nous pas tendance à mettre le relatif à la place de l'Absolu ? Ce savoir, notons-le, s'enracine dans l'expérience personnelle et communautaire d'une relation avec Dieu qui libère et conduit progressivement jusqu'à la terre promise du cœur. Ce qui suppose d'être présent à sa propre vie pour y discerner les traces de son passage. ■

***Emmanuelle Billoteau**, ermite*

SAMEDI 9 AOÛT 2025

COULEUR LITURGIQUE : ROUGE

Sainte Thérèse-Bénédicte de la Croix (Edith Stein)

1891-1942. Née dans une famille juive, Edith Stein découvrit la foi chrétienne et entra au Carmel à 42 ans. Arrêtée par les nazis, elle mourut à Auschwitz. Copatronne de l'Europe.

Antienne d'ouverture

Que la croix de notre Seigneur Jésus Christ soit ma seule fierté.
Par elle, le monde est crucifié pour moi, et moi pour le monde. (Ga 6, 14)

Gloire à Dieu (p. 238)

Prière

Dieu de nos pères, tu as conduit la sainte martyre Thérèse-Bénédicte à connaître ton Fils crucifié et à l'imiter jusque dans la mort ; par son intercession, accorde à tous de reconnaître dans le Christ leur Sauveur et, grâce à lui, de parvenir à te contempler pour l'éternité. Lui qui… — ***Amen.***

Lectures propres à la fête de sainte Thérèse-Bénédicte de la Croix.

Lecture

du livre du prophète Osée (2, 16b.17b.21-22)

« Je ferai de toi mon épouse pour toujours »

Ainsi parle le Seigneur : Mon épouse infidèle, je vais l'entraîner jusqu'au désert, et je lui parlerai cœur à cœur. Là, elle me répondra comme au temps de sa jeunesse, au jour où elle est sortie du pays d'Égypte. Je ferai de toi mon épouse pour toujours, je ferai de toi mon épouse dans la justice et le droit, dans la fidélité et la tendresse ; je ferai de toi mon épouse dans la loyauté, et tu connaîtras le Seigneur. – Parole du Seigneur.

Psaume 44 (45)

℟ ***Écoute, ma fille, regarde et tends l'oreille.***

Écoute, ma fille, regarde et tends l'oreille ;
oublie ton peuple et la maison de ton père :
le roi sera séduit par ta beauté.
Il est ton Seigneur :
prosterne-toi devant lui. ℟

Fille de roi, elle est là, dans sa gloire,
vêtue d'étoffes d'or ;
on la conduit, toute parée, vers le roi.
Des jeunes filles, ses compagnes,
lui font cortège. ℟

On les conduit parmi les chants de fête :
elles entrent au palais du roi.
À la place de tes pères se lèveront tes fils ;
sur toute la terre
tu feras d'eux des princes. ℟

Acclamation de l'Évangile

Alléluia, alléluia. Viens, épouse du Christ, reçois la couronne, que le Seigneur t'a préparée pour l'éternité. ***Alléluia.***

Évangile de Jésus Christ

selon saint Matthieu (25, 1-13)

« Voici l'époux ! Sortez à sa rencontre »

En ce temps-là, Jésus disait à ses disciples cette parabole : « Le royaume des Cieux sera comparable à dix jeunes filles invitées à des noces, qui prirent leur lampe pour sortir à la rencontre de l'époux. Cinq d'entre elles étaient insouciantes*, et cinq étaient prévoyantes : les insouciantes avaient pris leur lampe sans emporter d'huile, tandis que les prévoyantes avaient pris, avec leurs lampes, des flacons d'huile. Comme l'époux tardait, elles s'assoupirent toutes et s'endormirent.

« Au milieu de la nuit, il y eut un cri : "Voici l'époux ! Sortez à sa rencontre." Alors toutes ces jeunes filles se réveillèrent et se mirent à préparer leur lampe. Les insouciantes demandèrent aux prévoyantes : "Donnez-nous de votre huile, car nos lampes s'éteignent." Les prévoyantes leur répondirent : "Jamais cela ne suffira pour nous et pour vous, allez plutôt chez les marchands vous en acheter." Pendant qu'elles allaient en acheter, l'époux arriva. Celles qui étaient prêtes entrèrent avec lui dans la salle des noces, et la porte fut fermée. Plus tard, les autres jeunes filles arrivèrent à leur tour et dirent : "Seigneur, Seigneur, ouvre-nous !" Il leur répondit : "Amen, je vous le dis : je ne vous connais pas."

« Veillez donc, car vous ne savez ni le jour ni l'heure. »

Prière sur les offrandes

Dans ta bonté, Seigneur, accepte les présents que nous voulons te consacrer, en mémoire de la sainte martyre Thérèse-Bénédicte, et rends-les parfaits, toi qui as mené à leur perfection les multiples sacrifices de la première Alliance dans l'unique sacrifice offert par ton Fils en son propre sang. Lui qui… **— *Amen.***

Antienne de la communion

Si je traverse les ravins de la mort,
je ne crains aucun mal,
car tu es avec moi, Seigneur.
(Ps 22, 4)

Prière après la communion

En ce jour où nous honorons sainte Thérèse-Bénédicte, Dieu de grande bonté, nous te prions : que les fruits de l'arbre de la croix donnent force à nos cœurs ; fidèlement attachés au Christ en ce monde, nous pourrons, au paradis, manger du fruit de l'arbre de la vie. Par le Christ, notre Seigneur.
— *Amen.*

INVITATION

Sur mon lieu de vacances, ou près de chez moi, je peux entrer dans une église et allumer une bougie.

COMMENTAIRE

L'alliance pour tous Osée 2, 16b.17b.21-22

Le choix du carmel par Edith Stein est envisagé à la lumière du livre d'Osée, sous l'angle d'une alliance qui se nourrit du désert – cette terre de la rencontre où Israël, dépourvu de ses sécurités habituelles, a expérimenté sa fragilité et l'amour incommensurable de Dieu. Une alliance qui se dit en termes d'épousailles et qui s'approfondit dans le cœur-à-cœur et l'expérience d'appartenance mutuelle pour déboucher sur une connaissance existentielle de Dieu à laquelle nous sommes tous appelés. ■

***Emmanuelle Billoteau**, ermite*

✲ CLÉ DE LECTURE

« Insouciantes » Matthieu 25, 2 *(p. 68)*

(p. 68)

La leçon de la parabole doit être cherchée au-delà de l'anecdote et des figures antithétiques et caricaturales des jeunes filles prévoyantes ou insouciantes, littéralement « avisées » ou « stupides ». L'évangéliste invite les chrétiens à veiller sans relâche, car ils ne savent ni le jour ni l'heure. Le jour et l'heure où le Seigneur viendra les rencontrer pour leur faire passer la mort, le jour et l'heure où quelqu'un vient frapper à leur porte pour demander un peu de pain, d'attention ou d'amour. Veiller, être avisé, ce n'est pas programmer l'avenir, prévoir toutes les éventualités pour y parer. N'est-ce pas plutôt être toujours prêt à accueillir ce qui vient, être prêt à recevoir ce qui est donné, à recevoir ce qui nous arrive comme un don ? ■

***Roselyne Dupont-Roc**, bibliste*

DIMANCHE 10 AOÛT 2025

19E DIMANCHE DU TEMPS ORDINAIRE

ANNÉE C – COULEUR LITURGIQUE : VERT

« Restez en tenue de service, votre ceinture autour des reins, et vos lampes allumées. »
Luc 12, 35

Ce dimanche, nous sommes invités à rester en tenue de service. Non pas quelques minutes, quelques heures, quelques jours, mais à chaque instant. C'est un véritable mode de vie. Nous mettre au service du Seigneur, de nos frères et de nos sœurs est une source de bonheur. Demandons au Seigneur de transformer nos cœurs, qu'il nous apprenne la joie du service jour après jour !

RITES INITIAUX

Chant d'entrée *(Suggestions p. 265)*
OU
Antienne d'ouverture
Regarde vers ton Alliance, Seigneur, ne délaisse pas sans fin l'âme de tes pauvres. Lève-toi, Seigneur, défends ta cause, n'oublie pas le cri de ceux qui te cherchent. (cf. Ps 73, 20.19.22.23)

Suggestion de préparation pénitentielle *(ou p. 236)*
Le Seigneur nous appelle à veiller et à rester en tenue de service. Avec foi, tournons-nous vers lui et reconnaissons que nous sommes pécheurs.

Seigneur Jésus, toi qui veilles sur ceux qui te craignent, tu nous invites à nous tenir en prière avec confiance. Kyrie, eleison.
— Kyrie, eleison.
Ô Christ, toi qui t'es fait le serviteur de tous les hommes, tu nous invites à la fraternité et à la solidarité. Christe, eleison.
— Christe, eleison.
Seigneur, toi qui nous délivres du mal et de la mort, tu nous appelles à marcher dans la foi vers la Terre promise. Kyrie, eleison.
— Kyrie, eleison.

Que Dieu tout-puissant nous fasse miséricorde ; qu'il nous pardonne nos péchés et nous conduise à la vie éternelle. ***— Amen.***

Gloire à Dieu *(p. 238)*

Prière
Dieu éternel et tout-puissant, comme l'enseigne l'Esprit Saint, nous pouvons déjà t'appeler du nom de Père ; fais grandir en nos cœurs l'esprit d'adoption filiale, afin que nous soyons capables d'entrer un jour dans l'héritage qui nous est promis. Par Jésus… **—*Amen.***

LITURGIE DE LA PAROLE

Lecture du livre de la Sagesse (18, 6-9)

« En même temps que tu frappais nos adversaires, tu nous appelais à la gloire »

La nuit de la délivrance pascale avait été connue d'avance par nos Pères ; assurés des promesses auxquelles ils avaient cru, ils étaient dans la joie. Et ton peuple accueillit à la fois le salut des justes et la ruine de leurs ennemis. En même temps que tu frappais nos adversaires, tu nous appelais à la gloire. Dans le secret de leurs maisons, les fidèles descendants des justes offraient un sacrifice, et ils consacrèrent d'un commun accord cette loi divine : que les saints partageraient aussi bien le meilleur que le pire ; et déjà ils entonnaient les chants de louange des Pères.
– Parole du Seigneur.

Psaume 32 (33)

℟ ***Heureux le peuple dont le Seigneur est le Dieu.***

T. : AELF ; M. : J.-P. Lécot ; Éd. : ADF.

Criez de joie pour le Seigneur, hommes justes !
Hommes droits, à vous la louange !
Heureux le peuple dont le Seigneur est le Dieu,
heureuse la nation qu'il s'est choisie pour domaine ! ℟

Dieu veille sur ceux qui le craignent,
qui mettent leur espoir en son amour,
pour les délivrer de la mort,
les garder en vie aux jours de famine. ℟

Nous attendons notre vie du Seigneur :
il est pour nous un appui, un bouclier.
Que ton amour, Seigneur, soit sur nous
comme notre espoir est en toi ! ℟

Écoutez ce psaume sur
www.prionseneglise.fr/
messe-du-dimanche

Lecture de la lettre aux Hébreux (11, 1-2.8-19)

Lecture brève : 11, 1-2.8-12

« Abraham attendait la ville dont Dieu lui-même est le bâtisseur et l'architecte »

Frères, la foi est une façon de posséder ce que l'on espère, un moyen de connaître des réalités qu'on ne voit pas. Et quand l'Écriture rend témoignage aux anciens, c'est à cause de leur foi.
Grâce à la foi, Abraham obéit à l'appel de Dieu : il partit vers un pays qu'il devait recevoir en héritage, et il partit sans savoir où il allait. Grâce à la foi, il vint séjourner en immigré dans la Terre promise, comme en terre étrangère ; il vivait sous la tente, ainsi qu'Isaac et Jacob, héritiers de la même promesse, car il attendait la ville qui aurait de vraies fondations, la ville dont Dieu lui-même est le bâtisseur et l'architecte.
Grâce à la foi, Sara, elle aussi, malgré son âge, fut rendue capable d'être à l'origine d'une descendance parce qu'elle pensait que Dieu est fidèle à ses promesses. C'est pourquoi, d'un seul homme, déjà marqué par la mort, a pu naître une descendance aussi nombreuse que les étoiles du ciel et que le sable au bord de la mer, une multitude innombrable.

Fin de la lecture brève

C'est dans la foi, sans avoir connu la réalisation des promesses, qu'ils sont tous morts ; mais ils l'avaient vue et saluée de loin, affirmant que, sur la terre, ils étaient des étrangers et des voyageurs.

Or, parler ainsi, c'est montrer clairement qu'on est à la recherche d'une patrie. S'ils avaient songé à celle qu'ils avaient quittée, ils auraient eu la possibilité d'y revenir. En fait, ils aspiraient à une patrie meilleure, celle des cieux. Aussi Dieu n'a pas honte d'être appelé leur Dieu, puisqu'il leur a préparé une ville.
Grâce à la foi, quand il fut soumis à l'épreuve, Abraham offrit Isaac en sacrifice. Et il offrait le fils unique, alors qu'il avait reçu les promesses et entendu cette parole : *C'est par Isaac qu'une descendance portera ton nom.* Il pensait en effet que Dieu est capable même de ressusciter les morts ; c'est pourquoi son fils lui fut rendu : il y a là une préfiguration. – Parole du Seigneur.

Acclamation de l'Évangile

Alléluia. Alléluia. Veillez, tenez-vous prêts : c'est à l'heure où vous n'y pensez pas que le Fils de l'homme viendra. ***Alléluia.***

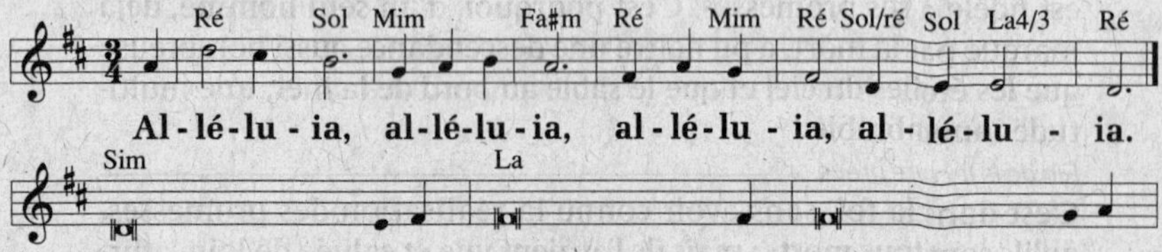

W 587 ; M. : J. Akepsimas ; SM. Psalmodie : M. Wackenheim ; Bayard Liturgie.

Évangile de Jésus Christ selon saint Luc (12, 32-48)

Lecture brève : 12, 35-40

« Vous aussi, tenez-vous prêts »

En ce temps-là, Jésus disait à ses disciples : « Sois sans crainte, petit troupeau : votre Père a trouvé bon de vous donner le Royaume. Vendez ce que vous possédez et donnez-le en aumône. Faites-vous des bourses qui ne s'usent pas, un trésor inépuisable dans les cieux, là où le voleur n'approche pas, où la mite ne détruit pas. Car là où est votre trésor, là aussi sera votre cœur.

Début de la lecture brève

(Lecture brève : En ce temps-là, Jésus disait à ses disciples :*)* « Restez en tenue de service, votre ceinture autour des reins, et vos lampes allumées. Soyez comme des gens qui attendent leur maître à son retour des noces, pour lui ouvrir dès qu'il arrivera et frappera à la porte. Heureux ces serviteurs-là que le maître, à son arrivée, trouvera en train de veiller. Amen, je vous le dis : c'est lui qui, la ceinture autour des reins, les fera prendre place à table et passera pour les servir. S'il revient vers minuit ou vers trois heures du matin et qu'il les trouve ainsi, heureux sont-ils ! Vous le savez bien : si le maître de maison avait su à quelle heure le voleur viendrait, il n'aurait pas laissé percer le mur de sa maison. Vous aussi, tenez-vous prêts : c'est à l'heure où vous n'y penserez pas que le Fils de l'homme viendra. »

Fin de la lecture brève

Pierre dit alors : « Seigneur, est-ce pour nous que tu dis cette parabole, Ou bien pour tous ? » Le Seigneur répondit : « Que dire de l'intendant fidèle et sensé à qui le maître confiera la charge de son personnel pour distribuer, en temps voulu, la ration de nourriture ? Heureux ce serviteur que son maître, en arrivant, trouvera en train d'agir ainsi ! Vraiment, je vous le déclare : il l'établira sur tous ses biens. Mais si le serviteur se dit en lui-même : "Mon maître tarde à venir", et s'il se met à frapper les serviteurs et les servantes, à manger, à boire et à s'enivrer, alors quand le maître viendra, le jour où son serviteur ne s'y attend pas et à l'heure qu'il ne connaît pas, il l'écartera et lui fera partager le sort des infidèles. Le serviteur qui, connaissant la volonté de son maître, n'a rien préparé et n'a pas accompli cette volonté, recevra un grand nombre de coups. Mais celui qui ne la connaissait pas, et qui a mérité des coups pour sa conduite, celui-là n'en recevra qu'un petit nombre. À qui l'on a beaucoup donné, on demandera beaucoup ; à qui l'on a beaucoup confié, on réclamera davantage. »

Homélie

Profession de foi (p. 239)

Suggestion de prière universelle

Le prêtre :

« La foi est une façon de posséder ce qu'on espère », nous dit l'apôtre Paul. Animés de cette confiance, tournons-nous vers Dieu notre Père, faisons monter vers lui notre prière.

℟ ***Notre Père, notre Père, nous te supplions humblement.***

B 4 Chalet; T. et M. : anonyme.

Le diacre ou un lecteur :

Par la foi, Abraham a obéi à l'appel de Dieu. Pour tous les chrétiens qui tentent, dans leur vie de tous les jours, de répondre à l'appel de Dieu et de leurs frères, prions le Seigneur. ℟

Grâce à la foi, Abraham est venu séjourner en immigré dans la Terre promise. Pour tous les hommes et les femmes contraints de quitter leur pays, en quête d'un avenir meilleur, prions le Seigneur. ℟

D'un seul homme a pu naître une descendance aussi nombreuse que les étoiles du ciel. Pour les couples qui attendent un enfant et pour ceux qui ne parviennent pas à concevoir, prions le Seigneur. ℟

L'Écriture rend témoignage aux anciens en raison de leur foi. Pour chacun de nous qui sommes rassemblés aujourd'hui et invités à faire preuve d'audace et de courage, prions le Seigneur. ℟

(Ces intentions seront adaptées ou modifiées selon les circonstances. On peut aussi s'inspirer de l'intention universelle du Saint-Père, p. 6.)

Le prêtre :

Dieu notre Père, toi qui veilles sur ceux qui te craignent, daigne exaucer nos prières. Par le Christ, notre Seigneur. — ***Amen.***

LITURGIE EUCHARISTIQUE

Prière sur les offrandes

Accueille favorablement, Seigneur, ces présents que, dans ta miséricorde, tu as donnés à ton Église pour qu'elle puisse te les offrir ; fais qu'ils deviennent, par ta puissance, le sacrement de notre salut. Par le Christ, notre Seigneur. — ***Amen.***

Prière eucharistique *(Préface des dimanches, p. 243)*

Chant de communion *(Suggestions p. 265)*

OU

Antienne de la communion

Glorifie le Seigneur, Jérusalem :
de la fleur du froment, il te rassasie. (cf. Ps 147, 12.14)

OU

Le pain que je donnerai, c'est ma chair,
donnée pour la vie du monde, dit le Seigneur.
(Jn 6, 51)

Prière après la communion

Que cette communion à ton sacrement, Seigneur, nous procure le salut et qu'elle nous affermisse dans la lumière de ta vérité. Par le Christ, notre Seigneur. – ***Amen.***

RITE DE CONCLUSION

Bénédiction

Envoi

COMMENTAIRE DU DIMANCHE

Luc Forestier, prêtre à La Madeleine (diocèse de Lille)

Ville ou jardin ?

Si le monde à venir est parfois décrit, à l'image de l'acte créateur, comme une nature réconciliée, où même les prédateurs sont herbivores, Abraham attend plutôt une cité aux vraies fondations dont Dieu est « le bâtisseur et l'architecte ». Faut-il donc comprendre ce temps ultime que le Père prépare aujourd'hui, qu'il anticipe par le geste plénier du Fils et dans le don de son Esprit, comme un jardin luxuriant et pacifié, ou bien comme une ville harmonieuse, à distance de toutes les Babel que l'humanité construit ? Faut-il contribuer à la sauvegarde d'une Création menacée par la transformation des relations entre humains, ainsi qu'entre les humains et les autres vivants ? Ou doit-on s'engager dans la construction d'une cité réconciliée, qui offre sa juste place à chaque personne ?

Ces imaginaires bibliques peuvent nourrir deux chemins différents dans l'annonce de l'Évangile, sous la forme d'un souci écologique plus nécessaire que jamais ou bien d'une attention aux phénomènes urbains en pleine croissance. Le chemin de foi esquissé aujourd'hui invite à s'inspirer aussi d'une troisième représentation biblique des temps à venir : un festin pour toutes les nations. Le repas ultime que Dieu offre à tous accomplit alors l'alliance inaugurée avec le peuple d'Israël et invite à prendre dès aujourd'hui la tenue de service. Parce que nous avons reçu gratuitement le don de la foi, nous pouvons librement en partager les fruits.

Quels gestes écologiques ai-je posés cet été ?

À qui puis-je offrir le service du partage de la foi chrétienne ? ■

Prions en Église Junior

LIRE L'ÉVANGILE AVEC LES ENFANTS

CE QUE JE DÉCOUVRE

Jésus demande à ses disciples d'être prêts à tout moment : **il les invite à reconnaître qu'il est le Fils de Dieu.** Quand on invite quelqu'un, on balaie la maison, on prépare un bon repas. Puis on l'écoute, on le fait rire, on veut le rendre heureux. Jésus attend que nous fassions la même chose avec lui : le prier avec joie, chanter pour lui, accueillir son amour, écouter ses paroles. **Accueillir Jésus, c'est aussi aimer les autres de tout notre cœur,** les aider quand ils en ont besoin.

CE QUE JE VIS

Comment prépares-tu ton cœur pour accueillir Jésus ?
Rends-tu des services aux autres ? Lesquels ?
Dessine la maison dans laquelle tu serais heureux d'accueillir Jésus. Tu peux nous envoyer ton dessin.

Texte : Thibault Van Den Driessche. Illustrations : Marcelino Truong

MÉDITATION BIBLIQUE

19E DIMANCHE DU TEMPS ORDINAIRE

Évangile selon saint Luc 12, 32-48

Retrouver l'essentiel

Au cœur de l'été, l'évangile propose un critère approprié pour relire nos existences.

Le temps de la préparation

« Dieu veille sur ceux qui le craignent, qui mettent leur espoir en son amour, pour les délivrer de la mort, les garder en vie aux jours de famine. » (Ps 32, 18-19)

Le temps de l'observation

Le propos de Jésus sur les biens peut être un peu rude à entendre. Notre vie, notamment professionnelle, est souvent consacrée à amasser des biens : de l'argent, des objets, des titres, des positions sociales. Tout cela, dit Jésus, tout cela s'effrite, se perd ou se transmet mais ne construit pas la personne. Il invite chacun à ne pas passer à côté d'une vie faite de rencontres. Ces relations passent d'abord par le don et par l'accueil, donc par l'échange, le dialogue, les liens. Or le premier à donner est Dieu. Jésus insiste pour dire que le royaume de •••

… Dieu est déjà offert largement. Il n'est pas à conquérir ou à être mérité. Il est déjà disponible à qui le désire. Il s'agit juste d'être à la bonne fréquence pour pouvoir en vivre. L'accumulation de biens matériels ou immatériels est simplement dangereuse, car sa logique risque de faire oublier où se trouve l'essentiel d'une vie humaine.

Le temps de la méditation

C'est une grande chance de pouvoir entendre cet enseignement au cœur du mois d'août, où la chaleur et les vacances aident à regarder autrement l'existence. Dans l'année, nous passons beaucoup de temps et d'énergie à augmenter nos possessions, assurer un salaire, acheter des biens. Nous déployons ensuite beaucoup d'efforts pour les garder, les défendre et faire croître notre réputation. En ce moment, autour de nous, les personnes en congés prennent du temps pour se rencontrer, découvrir, se promener, jouer, lire, rêver, aspirer à d'autres modes de vie et être à l'écoute des autres. C'est exactement ce dont parle Jésus. Les temps de congé sont des occasions pour regarder la vie autrement et voir plus loin. Il s'agit de veiller à ne pas se laisser happer par la précipitation, l'accélération, le cumul. Jésus donne un critère. Qu'est-ce qui, dans nos vies, constitue un trésor inépuisable que rien ne peut emporter ?

Le temps de la prière

« Nous attendons notre vie
du Seigneur : il est pour nous
un appui, un bouclier.
Que ton amour, Seigneur,
soit sur nous comme notre espoir
est en toi ! » (Ps 32, 20.22) ■

Marie-Laure Durand,
bibliste

PARTAGE BIBLIQUE

Environ 45 minutes

Une bible ou Prions en Église, *pages 75-76*

« GRÂCE À LA FOI » (HE 11, 1-2.8-19)

Lire

Lisons cette prédication qui a pour sujet la vraie foi, sa puissance et sa richesse.

Comprendre le texte

L'auteur présente la foi sous un double aspect : « une façon de posséder ce qu'on espère » et « un moyen de connaître des réalités qu'on ne voit pas ». Il montre comment les anciens ont manifesté ce double aspect de la foi par leur conduite. Abraham, nomade, espérait ce qu'il ne voyait pas et à quoi il aspirait : la ville dont Dieu lui-même est le bâtisseur et l'architecte. Grâce à la foi de Sara et d'Abraham, malgré l'âge avancé de Sara et la nécrose d'Abraham, a pu naître une descendance innombrable. Ils sont morts sans avoir connu la réalisation des •••

PARTAGE BIBLIQUE (SUITE) « GRÂCE À LA FOI » (HE 11, 1-2.8-19)

... promesses, mais, par la foi, ils l'ont vue et saluée de loin : la foi leur a fait connaître la réalité cachée à leurs yeux. Sara avait cru que la puissance de Dieu pouvait la rendre capable d'enfanter malgré son âge avancé ; Abraham, lui, a cru que Dieu qui triomphe de la mort est capable de ressusciter les morts. Dieu lui rendit son fils, préfigurant la résurrection de son Fils, Jésus Christ.

Partager

- La foi de mes ancêtres a-t-elle été déterminante pour moi ?
- Comment est-ce que je comprends l'expression « avoir la foi » ?
- Quels personnages composent ma galerie de témoins de la foi ?
- En cette année jubilaire, sur quoi mon espérance repose-t-elle ?

Prier

Nous chantons le cantique *Église du Seigneur* (K 128, « Peuple de Dieu, cité de l'Emmanuel... »). ■

Sylvain Gasser,
prêtre assomptionniste

LUNDI 11 AOÛT 2025

19E SEMAINE DU TEMPS ORDINAIRE COULEUR LITURGIQUE : BLANC

Sainte Claire

1193-1253. Attirée par l'idéal de pauvreté radicale prêché par saint François d'Assise, elle fonda, à sa suite, l'ordre des Pauvres Dames (ou Clarisses). Canonisée en 1255.

10 - 16

Antienne d'ouverture

Pour moi, comme un bel olivier dans la maison de Dieu,
j'espère en la miséricorde de mon Dieu, sans fin, à jamais. (cf. Ps 51, 10)

OU

Au royaume de ce monde, à toute sa splendeur,
j'ai préféré l'amour de mon Seigneur Jésus Christ,
je l'ai vu, je l'ai aimé, je lui ai donné ma foi, entre tous je l'ai choisi.

Prière

Dans ta miséricorde, Seigneur Dieu, tu as conduit sainte Claire à l'amour de la pauvreté ; accorde-nous, à son intercession, de suivre le Christ dans la pauvreté du cœur, afin de pouvoir te contempler dans le royaume des Cieux. Par Jésus…

— Amen.

Lecture

du livre du Deutéronome (10, 12-22)

« Pratiquez la circoncision du cœur. Aimez l'immigré, car vous étiez des immigrés »

Moïse disait au peuple : « Maintenant, sais-tu, Israël, ce que le Seigneur ton Dieu te demande ? Craindre le Seigneur ton Dieu, suivre tous ses chemins, aimer le Seigneur ton Dieu, le servir de tout

ton cœur et de toute ton âme, garder les commandements et les décrets du Seigneur que je te donne aujourd'hui pour ton bien.
« C'est au Seigneur ton Dieu qu'appartiennent les cieux et les hauteurs des cieux, la terre et tout ce qu'elle renferme. Et pourtant, c'est uniquement à tes pères que le Seigneur ton Dieu s'est attaché par amour. Après eux, entre tous les peuples, c'est leur descendance qu'il a choisie, ce qu'il fait encore aujourd'hui avec vous.
Pratiquez la circoncision du cœur, n'ayez plus la nuque raide, car le Seigneur votre Dieu est le Dieu des dieux et le Seigneur des seigneurs, le Dieu grand, vaillant et redoutable, qui est impartial et ne se laisse pas acheter. C'est lui qui rend justice à l'orphelin et à la veuve, qui aime l'immigré, et qui lui donne nourriture et vêtement. Aimez donc l'immigré, car au pays d'Égypte vous étiez des immigrés. Tu craindras le Seigneur ton Dieu, tu le serviras, c'est à lui que tu resteras attaché, c'est par son nom que tu prêteras serment. Il est ton Dieu, c'est lui que tu dois louer : il a fait pour toi ces choses grandes et redoutables que tu as vues de tes yeux. Quand tes pères sont arrivés en Égypte, ils n'étaient que 70; mais à présent le Seigneur votre Dieu vous a rendus aussi nombreux que les étoiles du ciel. » – Parole du Seigneur.

Psaume 147 (147B)

℟ ***Glorifie le Seigneur, Jérusalem !***
OU ***Alléluia !***

Glorifie le Seigneur, Jérusalem !
Célèbre ton Dieu, ô Sion !
Il a consolidé les barres de tes portes,
dans tes murs il a béni tes enfants. ℟

Il fait régner la paix à tes frontières,
et d'un pain de froment te rassasie.
Il envoie sa parole sur la terre :
rapide, son verbe la parcourt. ℟

Il révèle sa parole à Jacob,
ses volontés et ses lois à Israël.
Pas un peuple qu'il ait ainsi traité ;
nul autre n'a connu ses volontés. ℟

Acclamation de l'Évangile

Alléluia. Alléluia. Par l'annonce de l'Évangile, Dieu vous appelle à partager la gloire de notre Seigneur Jésus Christ. ***Alléluia.***

Évangile de Jésus Christ

selon saint Matthieu (17, 22-27)

« Ils le tueront et, le troisième jour, il ressuscitera. Les fils sont libres de l'impôt »

En ce temps-là, comme Jésus et les disciples étaient réunis en Galilée, il leur dit : « Le Fils de l'homme va être livré aux mains des hommes ; ils le tueront et, le troisième jour, il ressuscitera. » Et ils furent

profondément attristés. Comme ils arrivaient à Capharnaüm, ceux qui perçoivent la redevance des deux drachmes pour le Temple vinrent trouver Pierre et lui dirent : « Votre maître paye bien les deux drachmes, n'est-ce pas ? » Il répondit : « Oui. » Quand Pierre entra dans la maison, Jésus prit la parole le premier : « Simon, quel est ton avis ? Les rois de la terre, de qui perçoivent-ils les taxes ou l'impôt ? De leurs fils, ou des autres personnes ? » Pierre lui répondit : « Des autres. » Et Jésus reprit : « Donc, les fils sont libres. Mais, pour ne pas scandaliser les gens, va donc jusqu'à la mer, jette l'hameçon, et saisis le premier poisson qui mordra ; ouvre-lui la bouche, et tu y trouveras une pièce de quatre drachmes. Prends-la, tu la donneras pour moi et pour toi. »

Prière sur les offrandes

Consacre, Seigneur, les dons que nous te présentons avec ferveur, en la mémoire de sainte Claire, toi qui nous enseignes, grâce au réconfort que tu nous donnes maintenant, à ne jamais désespérer des promesses éternelles. Par le Christ, notre Seigneur. — ***Amen.***

Antienne de la communion

D'heureuses paroles jaillissent
de mon cœur
quand je dis mes poèmes pour le roi.
(Ps 44, 2)

OU

Une seule chose est nécessaire.
Elle a choisi la meilleure part,
celle qui ne lui sera pas enlevée.
(Lc 10, 42)

Prière après la communion
Tu nous as recréés, Seigneur, aux sources du salut, et nous te supplions humblement : à l'intercession de sainte Claire, rends-nous capables, par un attachement de jour en jour plus intime au Christ, d'avoir part à la grâce dans son Royaume. Lui qui… — ***Amen.***

INVITATION

En lisant l'évangile du jour, je confectionne une petite croix
que je glisserai dans ma poche ou dans mon portefeuille
pour me rappeler de suivre Jésus à chaque instant de ma journée.

COMMENTAIRE

Liberté infinie

Matthieu 17, 22-27

La tristesse des disciples est inséparable du contexte judéo-romain : il est plus facile d'imaginer la mise à mort de Jésus par le pouvoir d'hommes hostiles que sa résurrection par la puissance de Dieu. Le poisson pêché par Pierre est alors le signe que l'impôt dû aux puissants est subordonné au don du Créateur de toute vie. Jésus est infiniment libre par rapport aux rois de la terre précisément parce qu'il est Fils de Dieu. ■

***Nicolas Tarralle**, prêtre assomptionniste*

MARDI 12 AOÛT 2025

19E SEMAINE DU TEMPS ORDINAIRE COULEUR LITURGIQUE : VERT

Temps *ordinaire, suggestion d'oraisons et d'antiennes n° 34*
ou **sainte Jeanne-Françoise de Chantal**

Antienne d'ouverture

Ce que dit le Seigneur, c'est la paix pour son peuple et ses fidèles, et pour ceux qui reviennent vers lui. (cf. Ps 84, 9)

Prière

Ranime, nous t'en prions, Seigneur, la volonté de tes fidèles, afin que, plus ardents à rechercher le fruit de l'action divine, ils obtiennent de ta bonté de plus puissants secours. Par Jésus… — ***Amen.***

Lecture

du livre du Deutéronome (31, 1-8)

« Sois fort et courageux : c'est toi qui vas entrer avec ce peuple dans le pays »

Moïse prononça ces paroles devant tout Israël : « Maintenant que j'ai cent vingt ans, je ne peux plus être votre chef. Le Seigneur m'a dit : "Ce Jourdain, tu ne le passeras pas !" C'est le Seigneur votre Dieu qui passera devant vous ; il anéantira les nations que vous rencontrerez, et vous donnera leur territoire. Et c'est Josué qui passera le Jourdain à votre tête, comme l'a dit le Seigneur. Le Seigneur traitera les nations comme il a traité les rois des Amorites, Séhone et Og, et leur pays, tous ceux qu'il a exterminés. Le Seigneur vous les livrera, et vous les traiterez exactement comme

je vous l'ai ordonné. Soyez forts et courageux*, ne craignez pas, n'ayez pas peur devant eux : le Seigneur votre Dieu marche lui-même avec vous ; il ne vous lâchera pas, il ne vous abandonnera pas. »
Alors Moïse appela Josué, et lui dit en présence de tout Israël : « Sois fort et courageux : c'est toi qui vas entrer avec ce peuple dans le pays que le Seigneur a promis par serment à ses pères, c'est toi qui vas remettre au peuple son héritage. C'est le Seigneur qui marchera devant toi, c'est lui qui sera avec toi ; il ne te lâchera pas, il ne t'abandonnera pas. Ne crains pas, ne t'effraie pas ! »
– Parole du Seigneur.

Cantique Deutéronome 32, 3-4ab, 7, 8, 9.12

℟ ***Le lot du Seigneur, c'est son peuple.***

C'est le nom du Seigneur que j'invoque ;
à notre Dieu, reportez la grandeur.
Il est le Rocher : son œuvre est parfaite ;
tous ses chemins ne sont que justice. ℟

Rappelle-toi les jours de jadis,
pénètre le cours des âges.
Interroge ton père, il t'instruira ;
les anciens te le diront. ℟

Quand le Très-Haut dota les nations,
quand il sépara les fils d'Adam,
il fixa les frontières des peuples
d'après le nombre des fils d'Israël. ℟

Mais le lot du Seigneur, ce fut son peuple,
Jacob, sa part d'héritage.
Le Seigneur seul l'a conduit :
pas de dieu étranger auprès de lui. ℟

Acclamation de l'Évangile

Alléluia. Alléluia. Prenez sur vous mon joug, devenez mes disciples, dit le Seigneur, car je suis doux et humble de cœur. ***Alléluia.***

Évangile de Jésus Christ

selon saint Matthieu (18, 1-5.10.12-14)

« Gardez-vous de mépriser un seul de ces petits »

À ce moment-là, les disciples s'approchèrent de Jésus et lui dirent : « Qui donc est le plus grand dans le royaume des Cieux ? » Alors Jésus appela un petit enfant ; il le plaça au milieu d'eux, et il déclara : « Amen, je vous le dis : si vous ne changez pas pour devenir comme les enfants, vous n'entrerez pas dans le royaume des Cieux. Mais celui qui se fera petit comme cet enfant, celui-là est le plus grand dans le royaume des Cieux. Et celui qui accueille un enfant comme celui-ci en mon nom, il m'accueille, moi. Gardez-vous de mépriser un seul de ces petits, car, je vous le dis, leurs anges dans les cieux voient sans cesse la face de mon Père qui est aux cieux.

« Quel est votre avis ? Si un homme possède cent brebis et que l'une d'entre elles s'égare, ne va-t-il pas laisser les 99 autres dans la montagne pour partir à la recherche de la brebis égarée ? Et, s'il arrive à la retrouver, amen, je vous le dis : il se réjouit pour elle plus que pour les 99 qui ne se sont pas égarées. Ainsi, votre Père qui est aux cieux ne veut pas qu'un seul de ces petits soit perdu. »

Prière sur les offrandes

Accueille, Seigneur, les dons très saints que tu nous as demandé de consacrer à ton nom ; et pour qu'ils nous disposent à te plaire, fais-nous toujours obéir à tes commandements. Par le Christ, notre Seigneur. — ***Amen.***

Antienne de la communion

Louez le Seigneur, tous les peuples :
sa miséricorde envers nous
s'est montrée la plus forte.
(cf. Ps 116, 1-2)

OU

Je suis avec vous tous les jours,
jusqu'à la fin du monde,
dit le Seigneur.
(Mt 28, 20)

Prière après la communion

Nous t'en supplions, Dieu tout-puissant : ne permets pas que soient jamais séparés de toi ceux qui ont la joie de participer à ta vie divine. Par le Christ, notre Seigneur. — ***Amen.***

INVITATION

Des milliers de pèlerins sont réunis à Lourdes pour participer au Pèlerinage national. Je peux m'associer à leur prière.

COMMENTAIRE

Vice versa Matthieu 18, 1-5.10.12-14

Pour se donner le privilège de commencer ou de choisir, les enfants ont souvent cet argument : « C'est moi le plus grand ! » Ils ne font là que copier un monde d'adultes qui se mesurent sans cesse les uns aux autres. La question des disciples en est une belle illustration. Mais le royaume de Dieu renverse cette perspective. Une Église adulte est façonnée par le geste de Jésus qui place au centre la personne de l'enfant. ■

***Nicolas Tarralle,** prêtre assomptionniste*

❊ CLÉ DE LECTURE

« Soyez forts et courageux » Deutéronome 31, 6 *(p. 95)*

Alors qu'il remet son pouvoir à Josué pour passer le Jourdain, Moïse s'adresse d'abord au peuple, et ce qu'il dit à Josué n'est que la répétition des conseils donnés à tous. Ce sont des conseils de force et de courage devant l'inconnu et les ennemis qui viendront s'opposer. Or, comme lors de la traversée de la mer des Joncs, il ne s'agit pas d'éveiller des vertus guerrières, mais bien au contraire de faire confiance au Seigneur. Le texte martèle : « Le Seigneur marche avec toi » ; il est ce « Dieu avec nous » que Isaïe annonce au roi de Juda (Is 7, 14). Tout au long de l'histoire, et dans les moments les plus désespérés, la force et le courage des croyants a pour source celui qui jamais ne les lâchera, jamais ne les abandonnera. ■

***Roselyne Dupont-Roc,** bibliste*

MERCREDI 13 AOÛT 2025

19e SEMAINE DU TEMPS ORDINAIRE COULEUR LITURGIQUE : VERT

Temps *ordinaire, suggestion d'oraisons et d'antiennes n° 1*
ou **saint Pontien et saint Hippolyte**

Antienne d'ouverture

J'ai vu un homme qui siégeait sur un trône élevé ;
la multitude des anges l'adore en chantant d'une seule voix :
« Voici celui dont l'empire a un nom éternel. »

Prière

Aux appels de ton peuple en prière, réponds, Seigneur, en ta tendresse : donne à chacun la claire vision de ce qu'il doit faire et la force de l'accomplir. Par Jésus…
— Amen.

Lecture

du livre du Deutéronome (34, 1-12)

« Moïse mourut là, selon la parole du Seigneur.
Il ne s'est plus levé en Israël un prophète comme Moïse »

En ces jours-là, Moïse monta des steppes de Moab au mont Nébo, sur un sommet qui est en face de Jéricho. Le Seigneur lui fit voir tout le pays : Galaad jusqu'à Dane, tout Nephtali, le pays d'Éphraïm et de Manassé, tout le pays de Juda jusqu'à la Méditerranée, le Néguev, la région du Jourdain, la vallée de Jéricho ville des Palmiers, jusqu'à Soar. Le Seigneur lui dit : « Ce pays que tu vois, j'ai juré à Abraham, à Isaac et à Jacob

de le donner à leur descendance. Je te le fais voir, mais tu n'y entreras pas. » Moïse, le serviteur du Seigneur, mourut là, au pays de Moab, selon la parole du Seigneur. On l'enterra* dans la vallée qui est en face de Beth-Péor, au pays de Moab. Mais aujourd'hui encore, personne ne sait où se trouve son tombeau. Moïse avait cent vingt ans quand il mourut ; sa vue n'avait pas baissé, sa vitalité n'avait pas diminué. Les fils d'Israël pleurèrent Moïse dans les steppes de Moab, pendant trente jours. C'est alors que s'achevèrent les jours du deuil de Moïse. Josué, fils de Noun, était rempli de l'esprit de sagesse, parce que Moïse lui avait imposé les mains. Les fils d'Israël lui obéirent, ils firent ce que le Seigneur avait prescrit à Moïse.

Il ne s'est plus levé en Israël un prophète comme Moïse, lui que le Seigneur rencontrait face à face. Que de signes et de prodiges le Seigneur l'avait envoyé accomplir en Égypte, devant Pharaon, tous ses serviteurs et tout son pays ! Avec quelle main puissante, quel pouvoir redoutable, Moïse avait agi aux yeux de tout Israël !

– Parole du Seigneur.

Psaume 65 (66)

℟ ***Béni soit Dieu, car il rend la vie à notre âme.***

Acclamez Dieu, toute la terre ;
fêtez la gloire de son nom,
glorifiez-le en célébrant sa louange.
Dites à Dieu : « Que tes actions
sont redoutables ! » ℟

Venez et voyez les hauts faits de Dieu,
ses exploits redoutables
pour les fils des hommes.
Peuples, bénissez notre Dieu !
Faites retentir sa louange. ℟

Venez, écoutez, vous tous qui craignez Dieu :
je vous dirai ce qu'il a fait pour mon âme ;
quand je poussai vers lui mon cri,
ma bouche faisait déjà son éloge. ℟

Acclamation de l'Évangile

Alléluia. Alléluia. Dans le Christ, Dieu réconciliait le monde avec lui : il a mis dans notre bouche la parole de la réconciliation. ***Alléluia.***

Évangile de Jésus Christ

selon saint Matthieu (18, 15-20)

« S'il t'écoute, tu as gagné ton frère »

En ce temps-là, Jésus disait à ses disciples : « Si ton frère a commis un péché contre toi, va lui faire des reproches seul à seul. S'il t'écoute, tu as gagné ton frère. S'il ne t'écoute pas, prends en plus avec toi une ou deux personnes afin que toute l'affaire soit réglée sur la parole de deux ou trois témoins. S'il refuse de les écouter, dis-le à l'assemblée de l'Église ; s'il refuse encore d'écouter l'Église, considère-le comme un païen et un publicain. Amen, je vous le dis : tout ce que vous aurez lié sur la terre sera lié dans le ciel, et tout ce que vous aurez délié sur la terre sera délié dans le ciel.

« Et pareillement, amen, je vous le dis, si deux d'entre vous sur la terre se mettent d'accord pour demander quoi que ce soit, ils l'obtiendront de mon Père qui est aux cieux. En effet, quand deux ou trois sont réunis en mon nom, je suis là, au milieu d'eux. »

Prière sur les offrandes
Que l'offrande de ton peuple te soit agréable, nous t'en prions, Seigneur : qu'elle le fasse grandir en sainteté, et lui obtienne ce qu'il demande avec ferveur. Par le Christ, notre Seigneur. **— *Amen.***

Antienne de la communion
Seigneur, en toi est la source de vie ;
par ta lumière,
nous voyons la lumière.
(Ps 35, 10)
OU
Je suis venu pour qu'ils aient la vie,
la vie en abondance, dit le Seigneur.
(Jn 10, 10)

Prière après la communion
Dieu tout-puissant, nous t'en supplions : tu refais nos forces par tes sacrements, donne-nous aussi de pouvoir dignement te servir par une vie qui te plaise. Par le Christ, notre Seigneur. **— *Amen.***

INVITATION
Je souligne une phrase à méditer dans les textes du jour.
Je la relis régulièrement pendant la journée pour qu'elle m'accompagne.

COMMENTAIRE

Face à face

Matthieu 18, 15-20

Le plus souvent, nous critiquons les personnes qui nous font du mal en leur absence plutôt que d'aller les voir, seul à seul, pour leur faire des reproches. Jésus nous dit pourtant combien cette démarche est vitale pour ses disciples. La possibilité offerte au frère de demander pardon engage non seulement son salut personnel mais aussi la vérité des relations communautaires. Ces liens évangéliques sont le gage de la présence de Jésus. ■

***Nicolas Tarralle**, prêtre assomptionniste*

✲ CLÉ DE LECTURE

« On l'enterra »

Deutéronome 34, 6 *(p. 100)*

Solidaire de la génération du désert qui n'a cessé de se révolter, Moïse, le serviteur de Dieu, n'entrera pas dans la Terre promise. Jusque dans sa mort, Moïse, dont personne ne sait où se trouve le tombeau, reste privé de terre et interdit d'honneur funéraire. Au-delà de la réflexion menée par la tradition juive autour de la « terre d'Israël », nous apprenons ainsi que le croyant n'a pas de patrie ni de terre qui lui appartienne, pas même celle de sa tombe ; il reste toujours un migrant, « un étranger de passage, voyageur sur la terre » (cf. He 11, 13). Il n'a d'autre patrie que de marcher et de vivre « avec son Dieu », qui l'accompagne et le reçoit jusque dans la mort. Le texte, incertain, suggère que Dieu lui-même a « enterré », emporté Moïse. ■

***Roselyne Dupont-Roc**, bibliste*

JEUDI 14 AOÛT 2025

19E SEMAINE DU TEMPS ORDINAIRE COULEUR LITURGIQUE : ROUGE

Saint Maximilien Kolbe

1894-1941. Franciscain polonais. Le père Kolbe, détenu au camp d'extermination d'Auschwitz, offrit sa vie à la place d'un autre déporté, père de famille. Canonisé en 1982.

Antienne d'ouverture

Venez, les bénis de mon Père. Amen, je vous le dis :
tout ce que vous avez fait à l'un de ces plus petits de mes frères,
c'est à moi que vous l'avez fait.
(Mt 25, 34.40)

Prière

Seigneur Dieu, tu as mis au cœur de saint Maximilien-Marie, prêtre et martyr, un ardent amour pour la Vierge immaculée, un grand souci des âmes et une vive charité pour le prochain ; accorde-nous, à son intercession, de nous dépenser pour ta gloire dans le service des autres et ainsi d'être, jusqu'à la mort, configurés à ton Fils. Lui qui… — ***Amen.***

Lecture

du livre de Josué (3, 7-10a.11.13-17)

« L'arche de l'Alliance du Seigneur va passer le Jourdain devant vous »

En ces jours-là, le Seigneur dit à Josué : « Aujourd'hui, je vais commencer à te grandir devant tout Israël, pour qu'il sache que je suis avec toi comme j'ai été avec Moïse. Toi, tu donneras cet ordre aux prêtres qui portent l'arche d'Alliance : “Lorsque vous serez arrivés au bord

du Jourdain, vous vous arrêterez dans le lit du fleuve." » Josué dit ensuite aux fils d'Israël : « Approchez, écoutez les paroles du Seigneur votre Dieu. À ceci, vous reconnaîtrez que le Dieu vivant est au milieu de vous, et qu'il vous mettra en possession du pays des Cananéens : voici que l'arche de l'Alliance du Seigneur de toute la terre va passer le Jourdain devant vous. Aussitôt que les prêtres qui portent l'arche du Seigneur de toute la terre auront posé la plante de leurs pieds dans les eaux du Jourdain, les eaux qui sont en amont seront coupées, et elles s'arrêteront en formant une seule masse. »

Quand le peuple leva le camp pour passer le Jourdain, les prêtres portaient l'arche d'Alliance en tête du peuple. Or, le Jourdain coule à pleins bords pendant toute la saison des moissons. Dès que les prêtres qui portaient l'arche furent arrivés au Jourdain, et que leurs pieds touchèrent l'eau, les eaux s'arrêtèrent en amont et se dressèrent comme une seule masse* sur une grande distance, à partir d'Adame, ville voisine de Sartane ; et en aval, les eaux achevèrent de s'écouler vers la mer de la Araba, la mer Morte. Le peuple traversa à la hauteur de Jéricho. Les prêtres qui portaient l'arche de l'Alliance du Seigneur restèrent immobiles, sur la terre sèche, au milieu du Jourdain. Alors tout Israël traversa à pied sec, jusqu'à ce que toute la nation eût fini de passer le Jourdain.

– Parole du Seigneur.

Psaume 113A (114)

℟ ***Alléluia!***

Quand Israël sortit d'Égypte,
et Jacob, de chez un peuple étranger,
Juda fut pour Dieu un sanctuaire,
Israël devint son domaine. ℟

La mer voit et s'enfuit,
le Jourdain retourne en arrière.
Comme des béliers,
bondissent les montagnes,
et les collines, comme des agneaux. ℟

Qu'as-tu, mer, à t'enfuir,
Jourdain, à retourner en arrière ?
Montagnes, pourquoi bondir
comme des béliers,
collines, comme des agneaux ? ℟

Acclamation de l'Évangile

Alléluia. Alléluia. Pour ton serviteur, que ton visage s'illumine : apprends-moi tes commandements. ***Alléluia.***

Évangile de Jésus Christ

selon saint Matthieu (18, 21 – 19, 1)

« Je ne te dis pas de pardonner jusqu'à sept fois, mais jusqu'à 70 fois sept fois »

En ce temps-là, Pierre s'approcha de Jésus pour lui demander : « Seigneur, lorsque mon frère commettra des fautes contre moi, combien de fois dois-je lui pardonner ? Jusqu'à sept fois ? » Jésus lui

répondit : « Je ne te dis pas jusqu'à sept fois, mais jusqu'à 70 fois sept fois. Ainsi, le royaume des Cieux est comparable à un roi qui voulut régler ses comptes avec ses serviteurs. Il commençait, quand on lui amena quelqu'un qui lui devait dix mille talents (c'est-à-dire soixante millions de pièces d'argent). Comme cet homme n'avait pas de quoi rembourser, le maître ordonna de le vendre, avec sa femme, ses enfants et tous ses biens, en remboursement de sa dette. Alors, tombant à ses pieds, le serviteur demeurait prosterné et disait : "Prends patience envers moi, et je te rembourserai tout." Saisi de compassion, le maître de ce serviteur le laissa partir et lui remit sa dette.

« Mais, en sortant, ce serviteur trouva un de ses compagnons qui lui devait cent pièces d'argent. Il se jeta sur lui pour l'étrangler, en disant : "Rembourse ta dette !" Alors, tombant à ses pieds, son compagnon le suppliait : "Prends patience envers moi, et je te rembourserai." Mais l'autre refusa et le fit jeter en prison jusqu'à ce qu'il ait remboursé ce qu'il devait. Ses compagnons, voyant cela, furent profondément attristés et allèrent raconter à leur maître tout ce qui s'était passé. Alors celui-ci le fit appeler et lui dit : "Serviteur mauvais ! je t'avais remis toute cette dette parce que tu m'avais supplié. Ne devais-tu pas, à ton tour, avoir pitié de ton compagnon, comme moi-même j'avais eu pitié de toi ?" Dans sa colère, son maître le livra aux bourreaux jusqu'à ce qu'il eût remboursé tout ce qu'il devait.

« C'est ainsi que mon Père du ciel vous traitera, si chacun de vous ne pardonne pas à son frère du fond du cœur. » Lorsque Jésus eut terminé ce discours, il s'éloigna de la Galilée et se rendit dans le territoire de la Judée, au-delà du Jourdain.

10 - 16

Prière sur les offrandes

En te présentant cette offrande, Seigneur, nous te prions humblement : apprends-nous à t'offrir notre vie à l'exemple de saint Maximilien-Marie. Par le Christ, notre Seigneur. – ***Amen.***

Antienne de la communion

Il n'y a pas de plus grand amour
que de donner sa vie pour ses amis,
dit le Seigneur.

(Jn 15, 13)

Prière après la communion

Nous t'en prions, Seigneur, toi qui refais nos forces par le Corps et le Sang de ton Fils, allume en nous le feu de la charité que saint Maximilien-Marie recueillait dans ce repas. Par le Christ, notre Seigneur. – ***Amen.***

INVITATION

Ai-je un pardon à donner à quelqu'un ? Si oui, je peux confier au Seigneur cette difficulté et essayer de contacter cette personne pour « effacer sa dette ».

COMMENTAIRE

Incommensurable — Matthieu 18, 21 – 19, 1

Pierre pensait sans doute avoir mis la barre assez haut en suggérant qu'il fallait pardonner sept fois. Mais le pardon n'est pas une affaire de comptabilité et Jésus le renvoie à une surabondance primordiale. Le montant des dix mille talents que le roi accorde à son serviteur est du même ordre : démesuré. Seul l'enracinement dans l'infinie miséricorde de Dieu permet de pardonner à son frère du fond du cœur. ■

***Nicolas Tarralle**, prêtre assomptionniste*

✤ CLÉ DE LECTURE

« Comme une seule masse » — Josué 3, 16 *(p. 105)*

Le récit de la traversée du Jourdain par le peuple à la suite de Josué offre une étonnante ressemblance avec celui de la traversée de la mer des Joncs dans l'Exode. Deux mots y font clairement écho : les eaux qui s'arrêtent et forment une masse (cf. Ex 15, 8) et l'apparition de la terre sèche pour que les Israélites puissent traverser (cf. Ex 14, 21). Ces images évoquent au-delà encore la grande célébration de la création (cf. Gn 1, 9), où Dieu sépare les eaux pour que la terre sèche apparaisse et que puisse croître la vie. Comme un fil conducteur, ces textes révèlent que le Dieu créateur est tout à la fois le Dieu sauveur, qui arrache le monde au chaos, sauve son peuple de l'esclavage et de la mort, et conduit les êtres humains vers une terre de liberté. ■

***Roselyne Dupont-Roc**, bibliste*

VENDREDI 15 AOÛT 2025

ASSOMPTION DE LA VIERGE MARIE

ANNÉE C – COULEUR LITURGIQUE : BLANC

« Heureuse celle qui a cru ! » Aujourd'hui, le ciel est en liesse. Car nous fêtons la mère de Jésus, la Vierge immaculée. Élisabeth a reconnu en elle une femme de foi, une femme qui croit en un Dieu qui tient parole. C'est aussi une femme pleinement tournée vers les autres. Enceinte de trois mois, elle part à la rencontre de sa cousine. Aujourd'hui, demandons la foi de Marie, son audace, sa charité et sa joie.

RITES INITIAUX

Chant d'entrée *(Suggestions p. 265)*

OU

Antienne d'ouverture

Un signe grandiose apparut dans le ciel : une femme,
ayant le soleil pour manteau, la lune sous les pieds et, sur la tête,
une couronne de douze étoiles. (cf. Ap 12, 1)

OU

Tous ensemble, réjouissons-nous dans le Seigneur,
célébrons ce jour de fête en l'honneur de la Vierge Marie.
Les anges se réjouissent avec nous de son Assomption dans le ciel
et proclament les louanges du Fils de Dieu.

Suggestion de préparation pénitentielle *(ou p. 236)*

Frères et sœurs, en ce jour de l'Assomption, préparons-nous à célébrer l'eucharistie, en reconnaissant que nous avons péché.

Seigneur Jésus, toi dont la Mère était pleinement tournée vers les autres, tu nous appelles à prendre soin de notre prochain. Seigneur, prends pitié. – ***Seigneur, prends pitié.***

Ô Christ, toi dont la Mère est demeurée debout au pied de la Croix, tu te penches sur tous les humbles de la terre. Ô Christ, prends pitié. – ***Ô Christ, prends pitié.***

Seigneur, toi dont la Mère se réjouit au ciel avec la multitude des anges, jamais tu n'oublies ta promesse en faveur de tous les hommes. Seigneur, prends pitié. — ***Seigneur, prends pitié.***

Que Dieu tout-puissant nous fasse miséricorde ; qu'il nous pardonne nos péchés et nous conduise à la vie éternelle. — ***Amen.***

Gloire à Dieu *(p. 238)*

Prière

Dieu éternel et tout-puissant, tu as élevé jusqu'à la gloire du ciel, dans son âme et son corps, Marie, la Vierge immaculée, la Mère de ton Fils ; fais que, toujours tendus vers les réalités d'en haut, nous obtenions de partager sa gloire. Par Jésus… — ***Amen.***

LITURGIE DE LA PAROLE

Lectures propres à la solennité de l'Assomption de la Vierge Marie.

Lecture de l'Apocalypse de saint Jean (11, 19a ; 12, 1-6a.10ab)

« Une Femme, ayant le soleil pour manteau et la lune sous les pieds »

Le sanctuaire de Dieu, qui est dans le ciel, s'ouvrit, et l'arche de son Alliance apparut dans le Sanctuaire. Un grand signe apparut dans le ciel : une Femme, ayant le soleil pour manteau, la lune sous les pieds, et sur la tête une couronne de douze étoiles. Elle est enceinte, elle crie, dans les douleurs et la torture d'un enfantement. Un autre signe apparut dans le ciel : un grand Dragon, rouge feu, avec sept têtes et dix cornes, et, sur chacune des sept têtes, un diadème.

Sa queue, entraînant le tiers des étoiles du ciel, les précipita sur la terre. Le Dragon vint se poster devant la Femme qui allait enfanter, afin de dévorer l'enfant dès sa naissance. Or, elle mit au monde un fils, un enfant mâle, celui qui sera le berger de toutes les nations, les conduisant avec un sceptre de fer. L'enfant fut enlevé jusqu'auprès de Dieu et de son Trône, et la Femme s'enfuit au désert, où Dieu lui a préparé une place. Alors j'entendis dans le ciel une voix forte, qui proclamait : « Maintenant voici le salut, la puissance et le règne de notre Dieu, voici le pouvoir de son Christ ! » – Parole du Seigneur.

Psaume 44 (45)

℟ ***Debout, à la droite du Seigneur, se tient la reine, toute parée d'or.***

T. : AELF ; M. : M. Wackenheim ; Éd. : ADF.

℟ ***Debout, à la droite du Seigneur, se tient la reine, toute parée d'or.***

Écoute, ma fille, regarde et tends l'oreille ;
oublie ton peuple et la maison de ton père :
le roi sera séduit par ta beauté. ℟

Il est ton Seigneur : prosterne-toi devant lui.
Alors, les plus riches du peuple,
chargés de présents, quêteront ton sourire. ℟

Écoutez ce psaume sur **www.prionseneglise.fr/messe-du-dimanche**

Fille de roi, elle est là, dans sa gloire,
vêtue d'étoffes d'or ;
on la conduit, toute parée, vers le roi. ℟

Des jeunes filles, ses compagnes, lui font cortège ;
on les conduit parmi les chants de fête :
elles entrent au palais du roi. ℟

Lecture de la première lettre de saint Paul apôtre aux Corinthiens (15, 20-27a)

« En premier, le Christ ; ensuite, ceux qui lui appartiennent »

Frères, le Christ est ressuscité d'entre les morts, lui, premier ressuscité parmi ceux qui se sont endormis. Car, la mort étant venue par un homme, c'est par un homme aussi que vient la résurrection des morts. En effet, de même que tous les hommes meurent en Adam, de même c'est dans le Christ que tous recevront la vie, mais chacun à son rang : en premier, le Christ, et ensuite, lors du retour du Christ, ceux qui lui appartiennent. Alors, tout sera achevé, quand le Christ remettra le pouvoir royal à Dieu son Père, après avoir anéanti, parmi les êtres célestes, toute Principauté, toute Souveraineté et Puissance. Car c'est lui qui doit régner jusqu'au jour où Dieu aura mis sous ses pieds tous ses ennemis. Et le dernier ennemi qui sera anéanti, c'est la mort, car il a tout mis sous ses pieds. – Parole du Seigneur.

Acclamation de l'Évangile

Alléluia. Alléluia. Aujourd'hui s'est ouverte la porte du paradis : Marie est entrée dans la gloire de Dieu ; exultez dans le ciel, tous les anges ! ***Alléluia.***

U 76-99; T. : AELF; M. : P. Robert; ADF-Musique.

Évangile de Jésus Christ selon saint Luc (1, 39-56)

« Le Puissant fit pour moi des merveilles : il élève les humbles »

En ces jours-là, Marie se mit en route et se rendit avec empressement vers la région montagneuse, dans une ville de Judée. Elle entra dans la maison de Zacharie et salua Élisabeth. Or, quand Élisabeth entendit la salutation de Marie, l'enfant tressaillit en elle. Alors, Élisabeth fut remplie d'Esprit Saint, et s'écria d'une voix forte : « Tu es bénie entre toutes les femmes, et le fruit de tes entrailles est béni. D'où m'est-il donné que la mère de mon Seigneur vienne jusqu'à moi ? Car, lorsque tes paroles de salutation sont parvenues à mes oreilles, l'enfant a tressailli d'allégresse en moi. Heureuse celle qui a cru à l'accomplissement des paroles qui lui furent dites de la part du Seigneur. »
Marie dit alors : « Mon âme exalte le Seigneur, exulte mon esprit en Dieu, mon Sauveur ! Il s'est penché sur son humble servante ; désormais tous les âges me diront bienheureuse. Le Puissant fit pour moi des merveilles ; Saint est son nom ! Sa miséricorde s'étend d'âge en âge sur ceux qui le craignent. Déployant la force de son bras, il disperse les superbes. Il renverse les puissants de leurs trônes, il élève les humbles. Il comble de biens les affamés, renvoie les riches les mains vides. Il relève Israël son serviteur, il se souvient de son amour, de la promesse faite à nos pères, en faveur d'Abraham et sa descendance à jamais. » Marie resta avec Élisabeth environ trois mois, puis elle s'en retourna chez elle.

Homélie

Profession de foi *(p. 239)*

Suggestion de prière universelle

Le prêtre :

Du haut des Cieux, la Vierge Marie continue à prendre soin de tous les hommes. En ce jour de l'Assomption, confions à son Fils les prières du monde entier.

℟ ***Avec Marie ta mère, nous te supplions.***

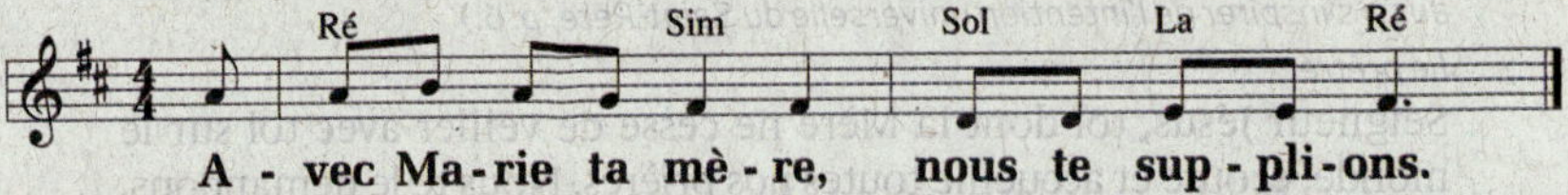

Bayard Liturgie ; M. : M. Wackenheim.

Le diacre ou un lecteur :

Avec Marie, qui veille sur tous les habitants du monde, prions pour ceux qui se rendent cet été sur un lieu de pèlerinage. Que ce temps de prière leur apporte courage, consolation, confiance et allégresse. Ensemble, ô Christ, nous te prions. ℟

Avec Marie, dont le Magnificat est une invitation à l'humilité et à la solidarité, prions pour nos responsables politiques. Qu'ils œuvrent en faveur d'une vie digne et épanouie pour tous leurs citoyens. Ensemble, ô Christ, nous te prions. ℟

Avec Marie, qui a connu l'inquiétude et l'angoisse, prions pour ceux qui traversent l'épreuve de la pauvreté, de la maladie, du rejet et de la solitude. Que son exemple et sa prière maternelle leur apportent soutien et réconfort. Ensemble, ô Christ, nous te prions. ℟

Avec Marie, qui s'est mise au service de sa cousine Élisabeth, prions pour tous les acteurs du tourisme présents dans notre paroisse. Qu'ils travaillent dans la joie malgré le dur labeur et la fatigue. Ensemble, ô Christ, nous te prions. ℟

(Ces intentions seront adaptées ou modifiées selon les circonstances. On peut aussi s'inspirer de l'intention universelle du Saint-Père, p. 6.)

Le prêtre :

Seigneur Jésus, toi dont la Mère ne cesse de veiller avec toi sur le monde, écoute et accueille toutes nos prières. Nous te le demandons, toi qui vis et règnes pour les siècles des siècles. – ***Amen.***

LITURGIE EUCHARISTIQUE

Prière sur les offrandes

Que monte vers toi, Seigneur, l'offrande que nous te présentons avec ferveur ; et tandis qu'intercède pour nous la bienheureuse Vierge Marie élevée au ciel, que nos cœurs, brûlants de charité, aspirent toujours à monter vers toi. Par le Christ, notre Seigneur. – ***Amen.***

Prière eucharistique

(Préface de l'Assomption de la Vierge Marie)

Vraiment, il est juste et bon, pour ta gloire et notre salut, de t'offrir notre action de grâce, toujours et en tout lieu, Seigneur, Père très saint, Dieu éternel et tout-puissant, par le Christ, notre Seigneur. Aujourd'hui, la Vierge Marie, la Mère de Dieu, est élevée au ciel. Elle est le commencement et l'image de ce que deviendra ton Église en sa plénitude, elle est signe d'espérance et source de réconfort pour ton peuple encore en chemin. Ainsi tu n'as pas voulu qu'elle connaisse la corruption du tombeau, elle qui a porté dans sa chair ton propre Fils et mis au monde d'une manière incomparable l'auteur de la vie. C'est pourquoi, unissant nos voix à celles des anges, nous te louons dans la joie en proclamant : ***Saint ! Saint ! Saint…***

Chant de communion *(Suggestions p. 265)*

OU

Antienne de la communion

Tous les âges me diront bienheureuse :
le Puissant fit pour moi des merveilles.
(cf. Lc 1, 48-49)

Prière après la communion
Nous avons reçu, Seigneur, le sacrement qui nous sauve ; par l'intercession de la bienheureuse Vierge Marie élevée au ciel, accorde-nous de parvenir à la gloire de la résurrection. Par le Christ, notre Seigneur. — ***Amen.***

RITE DE CONCLUSION

Bénédiction solennelle
Dans sa bienveillance, Dieu a voulu sauver le genre humain par son Fils, né de la bienheureuse Vierge Marie ; qu'il vous comble de sa bénédiction.
— ***Amen.***
Puissiez-vous ressentir toujours et partout la protection de celle qui vous a permis de recevoir l'auteur de la vie.
— ***Amen.***
Vous qui êtes rassemblés aujourd'hui avec ferveur, repartez dans la joie de l'Esprit et l'espérance du ciel.
— ***Amen.***
Et que la bénédiction de Dieu tout-puissant, le Père, et le Fils, + et le Saint-Esprit, descende sur vous et y demeure toujours.
— ***Amen.***

Envoi

COMMENTAIRE DE L'ASSOMPTION

Karem Bustica, rédactrice en chef de *Prions en Église*

Marie, engagée corps et âme

Le Nouveau Testament reste discret sur les derniers temps de Marie comme si, après la Pentecôte, la mission de cette femme était, une fois de plus, de laisser faire l'Esprit Saint. Le laisser faire de Marie n'est ni passivité, ni effacement, ni renonciation. Bien au contraire, elle tient sa place et toute sa place de femme, jusqu'au bout, cultivant son désir et sa volonté pour accomplir l'appel de Dieu. De l'enfantement à la mort et la Résurrection, Marie ne fait pas semblant, elle est engagée corps et âme. Elle participe à la naissance de Dieu, elle participe à la naissance de l'Église.

Certes, nous croyons que Marie est préservée du péché. Mais cela n'altère en rien ni son humanité ni sa capacité de choisir, comme n'importe lequel d'entre nous. Ceci veut dire que nous •••

••• sommes toutes et tous capables de nourrir et d'orienter notre désir et notre volonté pour rejoindre la vie de Dieu, aujourd'hui, là où nous sommes. Comment ? Par la prière, la lecture de la Bible, le service des pauvres. Et, aussi, en suppliant Dieu de venir habiter notre désir et notre volonté, et de nous donner la force de l'accueillir.
C'est pourquoi, lorsque l'Église célèbre l'Assomption de Marie au ciel, un grand horizon s'ouvre devant nous. Oui, le royaume de Dieu nous attend. Oui, il y a une place pour nous auprès de Dieu.

Qu'est-ce qui me touche dans les lectures de cette solennité ?
Comment l'Assomption de Marie renouvelle-t-elle ma foi ? ■

SAMEDI 16 AOÛT 2025

19E SEMAINE DU TEMPS ORDINAIRE COULEUR LITURGIQUE : VERT

Temps ordinaire, *suggestion d'oraisons et d'antiennes n° 2*
ou **bienheureuse Vierge Marie,** *voir p. 23*
ou **saint Étienne de Hongrie**

10 - 16

Antienne d'ouverture

Toute la terre se prosterne devant toi,
qu'elle chante pour toi,
qu'elle chante un psaume pour ton nom,
Dieu très-haut.

(cf. Ps 65, 4)

Prière

Dieu éternel et tout-puissant, qui régis et le ciel et la terre, exauce, en ta bonté, les supplications de ton peuple et donne à notre temps la paix qui vient de toi. Par Jésus… *— **Amen.***

Lecture

du livre de Josué (24, 14-29)

« Choisissez aujourd'hui qui vous voulez servir »

En ces jours-là, Josué avait réuni toutes les tribus d'Israël, et il leur disait : « Maintenant craignez le Seigneur ; servez-le dans l'intégrité et la fidélité. Écartez les dieux que vos pères ont servis au-delà de l'Euphrate et en Égypte ; servez le Seigneur. S'il ne vous plaît pas de servir le Seigneur, choisissez aujourd'hui qui vous voulez servir : les dieux que vos

pères servaient au-delà de l'Euphrate, ou les dieux des Amorites dont vous habitez le pays. Moi et les miens, nous voulons servir le Seigneur. » Le peuple répondit : « Plutôt mourir que d'abandonner le Seigneur pour servir d'autres dieux ! C'est le Seigneur notre Dieu qui nous a fait monter, nous et nos pères, du pays d'Égypte, cette maison d'esclavage ; c'est lui qui, sous nos yeux, a accompli tous ces signes et nous a protégés tout le long du chemin que nous avons parcouru, chez tous les peuples au milieu desquels nous sommes passés. Et même le Seigneur a chassé devant nous tous ces peuples, ainsi que les Amorites qui habitaient le pays. Nous aussi, nous voulons servir le Seigneur, car c'est lui notre Dieu. »
Alors Josué dit au peuple : « Vous ne pouvez pas servir le Seigneur, car il est un Dieu saint, il est un Dieu jaloux, qui ne pardonnera ni vos révoltes ni vos péchés. Si vous abandonnez le Seigneur pour servir les dieux étrangers, il se retournera contre vous, il vous fera du mal, il vous anéantira, lui qui vous a fait tant de bien. » Le peuple répondit à Josué : « Mais si ! Nous voulons servir le Seigneur. » Alors Josué dit au peuple : « Vous en êtes les témoins contre vous-mêmes : c'est vous qui avez choisi de servir le Seigneur. » Ils répondirent : « Nous en sommes témoins. » Josué reprit : « Alors, enlevez les dieux étrangers qui sont au milieu de vous, et tournez votre cœur vers le Seigneur, le Dieu d'Israël. » Le peuple répondit à Josué : « C'est le Seigneur notre Dieu que nous voulons servir, c'est à sa voix que nous voulons obéir. » En ce jour-là, Josué conclut une Alliance pour le peuple. C'est dans la ville de Sichem qu'il lui donna un statut et un droit. Josué inscrivit tout cela dans le livre de la loi de Dieu. Il prit une grande

pierre et la dressa sous le chêne qui était dans le sanctuaire du Seigneur. Il dit à tout le peuple : « Voici une pierre qui servira de témoin contre nous, car elle a entendu toutes les paroles que le Seigneur nous a dites ; elle servira de témoin contre vous, pour vous empêcher de renier votre Dieu. » Puis Josué renvoya le peuple, chacun dans la part de territoire qui était son héritage. Après ces événements, Josué, fils de Noun, serviteur du Seigneur, mourut à l'âge de cent dix ans. – Parole du Seigneur.

Psaume 15 (16)

℟ ***Seigneur, mon partage et ma coupe !***

Garde-moi, mon Dieu :
j'ai fait de toi mon refuge.
J'ai dit au Seigneur : « Tu es mon Dieu !
Seigneur, mon partage et ma coupe :
de toi dépend mon sort. » ℟

Je bénis le Seigneur qui me conseille :
même la nuit mon cœur m'avertit.
Je garde le Seigneur devant moi
sans relâche ;
il est à ma droite : je suis inébranlable. ℟

Tu m'apprends le chemin de la vie :
devant ta face, débordement de joie !
À ta droite, éternité de délices ! ℟

Acclamation de l'Évangile

Alléluia. Alléluia. Tu es béni, Père, Seigneur du ciel et de la terre, tu as révélé aux tout-petits les mystères du Royaume ! ***Alléluia.***

Évangile de Jésus Christ

selon saint Matthieu (19, 13-15)

« N'empêchez pas les enfants de venir à moi, car le royaume des Cieux est à ceux qui leur ressemblent »

En ce temps-là, on présenta des enfants à Jésus pour qu'il leur impose les mains en priant. Mais les disciples les écartèrent vivement. Jésus leur dit : « Laissez les enfants, ne les empêchez pas de venir à moi, car le royaume des Cieux est à ceux qui leur ressemblent. » Il leur imposa les mains, puis il partit de là.

Prière sur les offrandes

Accorde-nous, Seigneur, nous t'en prions, de participer dignement à ces mystères, car chaque fois qu'est célébré ce sacrifice en mémorial, c'est l'œuvre de notre rédemption qui s'accomplit. Par le Christ, notre Seigneur. — ***Amen.***

Antienne de la communion

Tu prépares la table pour moi ;
la coupe qui m'enivre,
comme elle est admirable !
(cf. Ps 22, 5)

OU

Nous avons reconnu l'amour
que Dieu a pour nous,
et nous y avons cru.
(1 Jn 4, 16)

Prière après la communion
Répands en nous, Seigneur, ton Esprit de charité, afin d'unir dans un même amour ceux que tu as nourris du même pain du ciel. Par le Christ, notre Seigneur. — ***Amen.***

INVITATION

Et si j'aidais des enfants de mon entourage à aller vers Jésus ?
Je peux leur lire un passage d'Évangile qui me touche particulièrement, ou le leur envoyer par mail ou par SMS.

COMMENTAIRE

Obéissants Matthieu 19, 13-15

On retient rarement que les disciples ont fini par laisser les enfants venir à Jésus. Le chemin qui mène au Royaume se découvre pareillement en mettant en pratique sa parole dans une obéissance qui nous décentre. D'ailleurs, après son geste, Jésus s'en va. Nous sommes toujours à la fois comme des enfants qui reçoivent sa bénédiction et comme des disciples qui se remettent sans cesse en marche pour le suivre vers le Père. ■

Nicolas Tarralle, prêtre assomptionniste

DIMANCHE 17 AOÛT 2025

20E DIMANCHE DU TEMPS ORDINAIRE

ANNÉE C – COULEUR LITURGIQUE : VERT

« Je suis venu apporter un feu sur la terre. »
Luc 12, 49

Être chrétien n'est pas un long fleuve tranquille. Comme le prophète Jérémie, les témoins de la foi et de la justice peuvent être incompris et persécutés. Et dans nos familles, nous dit Jésus, la foi peut provoquer des divisions. En ce dimanche, demandons la persévérance. Quelles que soient les épreuves, que le Christ nous garde fidèles à sa parole.

RITES INITIAUX

Chant d'entrée *(Suggestions p. 265)*
OU
Antienne d'ouverture
Dieu, notre protecteur, regarde : vois le visage de ton Christ; un jour dans tes parvis en vaut plus que mille. (cf. Ps 83, 10-11)

Suggestion de préparation pénitentielle *(ou p. 236)*
Frères et sœurs, en ce dimanche, le Seigneur nous appelle à demeurer fermes dans son amour. Préparons-nous à célébrer le mystère de l'eucharistie, en reconnaissant que nous avons péché.

Seigneur Jésus, toi qui sauves les hommes du gouffre du mal et de la mort, tu nous fais reprendre pied sur le roc : Kyrie, eleison.
– Kyrie, eleison.

Ô Christ, toi qui as enduré la souffrance de la Croix, tu veux nous libérer des péchés qui nous entravent : Christe, eleison.
– Christe, eleison.

Seigneur, toi qui es venu allumer un feu sur la terre, tu donnes à ton Église la force du témoignage et l'audace de la foi : Kyrie, eleison. ***– Kyrie, eleison.***

Que Dieu tout-puissant nous fasse miséricorde; qu'il nous pardonne nos péchés et nous conduise à la vie éternelle. ***– Amen.***

Gloire à Dieu *(p. 238)*

17 - 23

Prière
Pour ceux qui t'aiment, Seigneur Dieu, tu as préparé des biens que l'œil ne peut voir : répands en nos cœurs la ferveur de ta charité, afin que t'aimant en toute chose et par-dessus tout, nous obtenions de toi l'héritage promis qui surpasse tout désir. Par Jésus… ***— Amen.***

LITURGIE DE LA PAROLE

Lecture du livre du prophète Jérémie (38, 4-6.8-10)

Ma mère, tu m'as enfanté homme de querelle pour tout le pays

En ces jours-là, pendant le siège de Jérusalem, les princes qui tenaient Jérémie en prison dirent au roi Sédécias : « Que cet homme soit mis à mort : en parlant comme il le fait, il démoralise tout ce qui reste de combattant dans la ville, et toute la population. Ce n'est pas le bonheur du peuple qu'il cherche, mais son malheur. » Le roi Sédécias répondit : « Il est entre vos mains, et le roi ne peut rien contre vous ! » Alors ils se saisirent de Jérémie et le jetèrent dans la citerne de Melkias, fils du roi, dans la cour de garde. On le descendit avec des cordes. Dans cette citerne il n'y avait pas d'eau, mais de la boue, et Jérémie enfonça dans la boue. Ébed-Mélek sortit de la maison du roi et vint lui dire : « Monseigneur le roi, ce que ces gens-là ont fait au prophète Jérémie, c'est mal ! Ils l'ont jeté dans la citerne, il va y mourir de faim car on n'a plus de pain dans la ville ! » Alors le roi donna cet ordre à Ébed-Mélek

l'Éthiopien : « Prends trente hommes avec toi, et fais remonter de la citerne le prophète Jérémie avant qu'il ne meure. »
– Parole du Seigneur.

Psaume 39 (40)

℟ ***Seigneur, viens vite à mon secours !***

T. : AELF ; M. : T. Ospital ; Éd. : ADF.

D'un grand espoir,
j'espérais le Seigneur :
il s'est penché vers moi
pour entendre mon cri. ℟

Il m'a tiré de l'horreur du gouffre,
de la vase et de la boue ;
il m'a fait reprendre pied sur le roc,
il a raffermi mes pas. ℟

Écoutez ce psaume sur www.prionseneglise.fr/messe-du-dimanche

℟ ***Seigneur, viens vite à mon secours !***

Dans ma bouche il a mis un chant nouveau,
une louange à notre Dieu.
Beaucoup d'hommes verront, ils craindront,
ils auront foi dans le Seigneur. ℟

Je suis pauvre et malheureux,
mais le Seigneur pense à moi.
Tu es mon secours, mon libérateur :
mon Dieu, ne tarde pas ! ℟

Lecture de la lettre aux Hébreux (12, 1-4)

« Courons avec endurance l'épreuve qui nous est proposée »

Frères, nous qui sommes entourés d'une immense nuée de témoins, et débarrassés de tout ce qui nous alourdit – en particulier du péché qui nous entrave si bien –, courons avec endurance l'épreuve qui nous est proposée, les yeux fixés sur Jésus, qui est à l'origine et au terme de la foi. Renonçant à la joie qui lui était proposée, il a enduré la croix en méprisant la honte de ce supplice, et il siège à la droite du trône de Dieu. Méditez l'exemple de celui qui a enduré de la part des pécheurs une telle hostilité, et vous ne serez pas accablés par le découragement. Vous n'avez pas encore résisté jusqu'au sang dans votre lutte contre le péché.

– Parole du Seigneur.

Acclamation de l'Évangile

Alléluia. Alléluia. Mes brebis écoutent ma voix, dit le Seigneur ; moi, je les connais, et elles me suivent. ***Alléluia.***

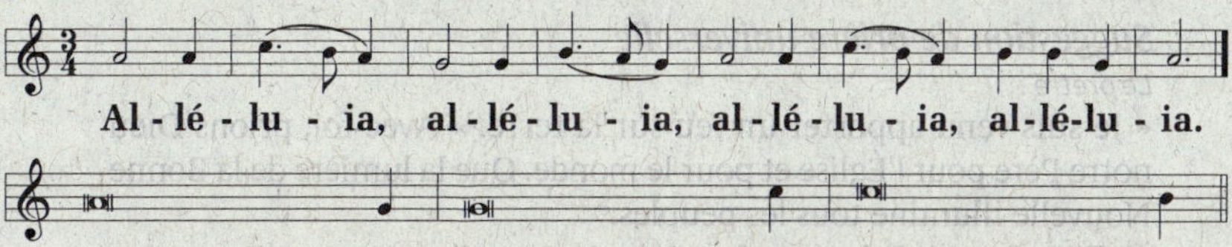

Refrain : Z 585 ; M. : E. Baranger ; Éd. de l'Emmanuel ; Psalmodie : M. : M. Wackenheim ; Bayard Liturgie.

Évangile de Jésus Christ selon saint Luc (12, 49-53)

« Je ne suis pas venu mettre la paix sur terre, mais bien plutôt la division »

En ce temps-là, Jésus disait à ses disciples : « Je suis venu apporter un feu sur la terre, et comme je voudrais qu'il soit déjà allumé ! Je dois recevoir un baptême, et quelle angoisse est la mienne jusqu'à ce qu'il soit accompli ! Pensez-vous que je sois venu mettre la paix sur la terre ? Non, je vous le dis, mais bien plutôt la division. Car désormais cinq personnes de la même famille seront divisées : trois contre deux et deux contre trois ; ils se diviseront : le père contre le fils et le fils contre le père, la mère contre la fille et la fille contre la mère, la belle-mère contre la belle-fille et la belle-fille contre la belle-mère. »

Homélie

Profession de foi *(p. 239)*

Suggestion de prière universelle

Le prêtre :

« Je suis venu apporter un feu sur la terre. » Avec foi, prions Dieu notre Père pour l'Église et pour le monde. Que la lumière de la Bonne Nouvelle illumine tous les peuples.

℟ ***En ta bonté, Seigneur, écoute notre appel.***

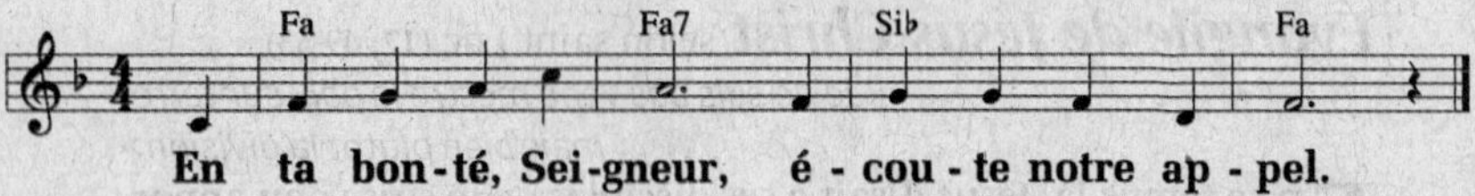

Y 33-3 SM; T. et M. : M. Debaisieux.

Le diacre ou un lecteur :

« Il m'a tiré de l'horreur du gouffre. » Prions pour les chrétiens persécutés à travers le monde. Afin qu'ils tiennent bon pour annoncer au monde l'espérance de la Bonne Nouvelle, prions le Seigneur. ℟

« Ce n'est pas le bonheur du peuple qu'il cherche. » Prions pour nos chefs politiques, nos ministres, nos maires et tous nos élus. Pour qu'ils veillent au bonheur et au bien-être de tous, prions le Seigneur. ℟

« Cinq personnes de la même famille seront divisées. » Prions pour les familles déchirées et pour les enfants tiraillés entre leurs parents. Afin que s'ouvrent pour eux des chemins d'écoute et de respect, prions le Seigneur. ℟

« Je suis venu apporter un feu sur la terre. » Prions pour notre assemblée réunie ce matin. Pour que la joie de la Bonne Nouvelle nous rende accueillants aux vacanciers de passage, prions le Seigneur. ℟

(Ces intentions seront adaptées ou modifiées selon les circonstances. On peut aussi s'inspirer de l'intention universelle du Saint-Père, p. 6.)

Le prêtre :

Dieu notre Père, toi notre recours, toi notre libérateur, viens au secours de tous les hommes. Daigne exaucer toutes nos demandes, par le Christ, notre Seigneur. **— *Amen.***

LITURGIE EUCHARISTIQUE

Prière sur les offrandes

Accueille, Seigneur, ce que nous présentons pour cette eucharistie où s'accomplit un admirable échange : en offrant ce que tu nous as donné, puissions-nous te recevoir toi-même. Par le Christ, notre Seigneur. **— *Amen.***

Prière eucharistique *(Préface des dimanches, p. 243)*

Chant de communion *(Suggestions p. 265)*
OU
Antienne de la communion
Oui, près du Seigneur est la miséricorde ;
près de lui abonde le rachat.
(cf. Ps 129, 7)
OU
Je suis le pain vivant, qui est descendu du ciel, dit le Seigneur ;
si quelqu'un mange de ce pain, il vivra éternellement.
(Jn 6, 51)

Prière après la communion
Par ces sacrements, Seigneur, tu nous as unis au Christ, et nous implorons humblement ta bonté : sur la terre, transforme-nous à son image, pour que nous puissions partager sa vie dans le ciel. Lui qui…
— Amen.

RITE DE CONCLUSION

Bénédiction

Envoi

COMMENTAIRE DU DIMANCHE

Benoît Gschwind, évêque de Pamiers

Suivre le Christ

La parole de Dieu peut interpeller, déranger, et même trouver des résistances. Le prophète Jérémie se trouve jeté dans la citerne et condamné à une mort certaine, tant ses propos agacent. La lecture du livre des Hébreux nous appelle à résister jusqu'au sang dans notre lutte contre le péché. Les propos de Jésus, dans l'évangile de ce jour, nous bousculent aussi. Lui qui était, en d'autres pages de l'Évangile, appelé Prince de la Paix, se présente ici comme celui qui va diviser jusque dans les familles, entre ceux qui accueilleront ses paroles et ceux qui les refuseront. Les mots sont forts, mais n'avons-nous pas besoin de tels propos pour comprendre que suivre le Christ et vivre l'Évangile sont de l'ordre d'un combat et d'une conversion radicale ? Comme dans le livre du Deutéronome, il s'agit pour nous de choisir : •••

••• le bonheur ou le malheur, la vie ou la mort. Voilà le combat spirituel qui est le nôtre ! Choisir la vie avec le Christ, c'est prendre le risque d'aller à contre-courant du monde d'aujourd'hui. Dès le début de sa mission, Jésus nous ouvre un chemin de bonheur. Les Béatitudes nous indiquent non seulement un chemin de miséricorde, de paix, de pardon, mais aussi un chemin de persécution. Certains de nos frères chrétiens le savent bien et connaissent des persécutions. Qui veut suivre le Christ sait qu'il doit porter sa croix, mais il sait aussi, que la lumière de Pâques éclaire à jamais son chemin.

L'Évangile est exigeant. Qu'est-ce qui est difficile à mettre en œuvre dans ma vie de chaque jour ?

Quelle parole de Dieu m'encourage dans ma vie de baptisé ?

Quelle est la plus belle parole de l'Évangile que j'ai envie de partager autour de moi ? ■

Prions en Église junior

LIRE L'ÉVANGILE AVEC LES ENFANTS

CE QUE JE DÉCOUVRE

Beaucoup d'hommes et de femmes sont heureux quand Jésus vient dans leur village.
Il fait des guérisons, il encourage ceux qui ont de la peine : des malades, des personnes qui ont perdu quelqu'un de leur famille…
Mais les paroles de Jésus dérangent.
Par exemple, certains ne supportent pas de le voir s'occuper de ceux qui ont péché.
Il faut choisir : **être avec Jésus ou ne pas être avec lui.** Toi aussi, tu es invité à lui dire « oui » de tout ton cœur, à l'aimer très fort et à écouter ses paroles.

CE QUE JE VIS

Pour toi, qu'est-ce que cela veut dire, « aimer comme Jésus » ?
Dessine un cœur et écris dedans : « Jésus, je t'aime. »

Texte : Thibault Van Den Driessche. Illustrations : Marcelino Truong

MÉDITATION BIBLIQUE
20E DIMANCHE DU TEMPS ORDINAIRE
Évangile selon saint Luc 12, 49-53

Un chemin de vérité

Par son propos, Jésus se situe dans la ligne des prophètes dont les interpellations invitent chacun à se situer ou se resituer dans son rapport avec Dieu, avec lui-même, avec les autres et le monde qui l'entoure. Ce qui ne peut qu'engendrer des douleurs de croissance.

Le temps de la préparation

« Ta parole est la lumière de mes pas, la lampe de ma route. » (Ps 118, 105)

Le temps de l'observation

Le contexte de cet évangile oriente vers la fin des temps, le jour du Seigneur, caractérisé selon Michée par des conflits dus à l'épreuve de vérité que constitue la venue de Dieu (cf. Mi 6, 7). Le feu dont parle Jésus peut être compris dans la perspective de son retour en gloire, mais aussi à la lumière de son « baptême » prochain, à savoir sa mort sur la Croix. Il s'agirait donc du feu de l'Esprit Saint, tout à la fois purificateur et illuminateur, fruit de la Pâque du Christ – ou, en d'autres termes, du feu de l'amour. Parole prophétique et porteuse de l'Esprit, la parole de Jésus, vrai Dieu et vrai homme, accule l'auditoire à prendre position, à s'ajuster au projet de Dieu sur l'humanité, d'où les dissensions avec l'entourage. De fait, personne ne chemine au même rythme, n'abandonne facilement ses routines et ne se maintient au niveau de vigilance dont il est question dans les paraboles qui précèdent ces versets (cf. Lc 12, 35-48).

Le temps de la méditation

Le Christ, célébré comme Prince de la paix au temps de la Nativité, n'est pas pour autant l'homme du consensus mou, pas plus que ne le furent les prophètes, entre autres Jérémie, envoyés pour rappeler l'absolu de Dieu. La paix, au sens hébraïque, n'est-elle pas « plénitude de vie », entièreté ? Alors sommes-nous prêts à témoigner du Christ et de sa pratique, même si celle-ci n'est pas conforme à l'air de notre temps ? Rappelons-nous que, par notre baptême, nous sommes un peuple de prêtres, de prophètes et de rois. Ce qui suppose de sortir de notre zone de confort, de nous impliquer dans le labeur de la conversion pour un monde plus juste, de laisser l'Esprit de feu consumer l'ivraie qui est en nous et menace le bon grain de la Parole. Quant à l'angoisse du Christ, elle peut nous renvoyer à son humanité, qui a connu la répulsion devant la mort, mais aussi à son désir que tous et toutes soient sauvés, moyennant leur libre adhésion. Une « brûlure » qui peut devenir aussi la nôtre !

Le temps de la prière

« De quel amour j'aime ta loi : tout le jour je la médite ! » (Ps 118, 97) ■

Emmanuelle Billoteau, ermite

DES IMAGES POUR LA FOI

20E DIMANCHE DU TEMPS ORDINAIRE

Le Seigneur, mon refuge

Face à Jérusalem, Jérémie est en prière. L'attachement du prophète à la parole de Dieu est souvent source de solitude et d'incompréhension.

Elle a fière allure, cette ville, avec ses hautes murailles et ses tours crénelées ajourées de fenêtres étroites. Ses habitants peuvent s'y sentir en sécurité : quel ennemi se risquerait à en faire le siège ? Cette cité, c'est Jérusalem que le peintre a imaginée en s'inspirant des modes de construction européens de la fin du Moyen Âge. Malgré la menace venant du Nord – les troupes de Nabucodonosor, roi de Babylone –, les contemporains du prophète Jérémie sont persuadés que leur ville est inviolable puisque la présence du Temple leur assure la protection éternelle du Seigneur. Mais le prophète affirme le contraire : pour le Seigneur, la cité et le Temple demeurent des refuges factices tant que ses habitants n'ont pas accueilli sa « Loi au plus profond d'eux-mêmes », et qu'ils ne l'ont pas « inscrite sur leur cœur » (cf. Jr 31, 33). Le peintre a représenté Jérémie, seul, face à la ville. Assis, dans une attitude de prière, il mesure combien son attachement et sa fidélité à la parole de Dieu (cf. Jr 20, 9) peuvent susciter la haine et l'incompréhension de ses contemporains. ■ **Dominique Pierre**

Le prophète Jérémie
Miniature dans “La Bible de Sens”, XIVe siècle. Bibliothèque royale, Turin (Italie).

LUNDI 18 AOÛT 2025

20E SEMAINE DU TEMPS ORDINAIRE COULEUR LITURGIQUE : VERT

Temps ordinaire, *suggestion d'oraisons et d'antiennes n° 3*

Antienne d'ouverture

Chantez au Seigneur un chant nouveau, chantez au Seigneur, terre entière. Devant lui, splendeur et majesté, dans son sanctuaire, puissance et beauté. (Ps 95, 1.6)

Prière

Dieu éternel et tout-puissant, dans ta bienveillance, dirige nos actions, afin qu'au nom de ton Fils bien-aimé, nous portions des fruits en abondance. Par Jésus…

— Amen.

Lecture

du livre des Juges (2, 11-19)

« Le Seigneur suscita des juges. Mais ils n'obéissaient pas non plus à leurs juges »

En ces jours-là, les fils d'Israël firent ce qui est mal aux yeux du Seigneur, et ils servirent les Baals. Ils abandonnèrent le Seigneur, le Dieu de leurs pères, qui les avait fait sortir du pays d'Égypte, et ils suivirent d'autres dieux parmi ceux des peuples d'alentour. Ils se prosternèrent devant eux, et ils irritèrent le Seigneur. Ils abandonnèrent le Seigneur pour servir Baal et Astarté. Alors la colère du Seigneur s'enflamma contre Israël. Il les livra* aux mains des pillards, les abandonna aux ennemis qui les

entouraient, et ils furent incapables de leur résister. Dans toutes leurs expéditions, la main du Seigneur était contre eux, pour leur malheur, comme il le leur avait dit, comme il en avait fait serment. Ils furent dans une très grande détresse.
Alors le Seigneur suscita des juges pour les sauver de la main des pillards. Mais ils n'obéissaient pas non plus à leurs juges. Ils se prostituèrent en suivant d'autres dieux, ils se prosternèrent devant eux. Ils ne tardèrent pas à se détourner du chemin où leurs pères avaient marché en obéissant aux commandements du Seigneur ; ils n'agirent pas comme eux. Lorsque le Seigneur suscitait pour eux un juge, le Seigneur était avec le juge, et il les sauvait de la main de leurs ennemis aussi longtemps que le juge était en vie ; car le Seigneur se laissait émouvoir quand ils gémissaient sous la violence de leurs oppresseurs. Mais quand le juge était mort, ils recommençaient et poussaient la corruption plus loin que leurs pères : ils suivaient d'autres dieux, les servaient et se prosternaient devant eux ; ils ne renonçaient en rien à leurs pratiques ni à leur conduite obstinée.
– Parole du Seigneur.

Psaume 105 (106)

℟ ***Souviens-toi de nous, Seigneur, dans ta bienveillance pour ton peuple.***

Avec nos pères, nous av<u>o</u>ns péché,
nous avons faill<u>i</u> et renié.
Ils vont se mêl<u>e</u>r aux païens,
ils apprennent leur mani<u>è</u>re d'agir. ℟

Alors ils s<u>e</u>rvent leurs idoles,
et pour e<u>u</u>x c'était un piège :
ils offrent leurs f<u>i</u>ls et leurs filles
en sacrif<u>i</u>ce aux démons. ℟

De telles pratiques les souillent ;
ils se prostituent par de telles actions.
Et le Seigneur prend feu contre son peuple :
ses héritiers lui font horreur. ℟

Tant de fois délivrés par Dieu,
ils s'obstinent dans leur idée.
Et lui regarde leur détresse
quand il entend leurs cris. ℟

Acclamation de l'Évangile

Alléluia. Alléluia. Heureux les pauvres de cœur, car le royaume des Cieux est à eux ! ***Alléluia.***

Évangile de Jésus Christ

selon saint Matthieu (19, 16-22)

« Si tu veux être parfait, va, vends ce que tu possèdes, donne-le aux pauvres, et tu auras un trésor dans les cieux »

En ce temps-là, voici que quelqu'un s'approcha de Jésus et lui dit : « Maître, que dois-je faire de bon pour avoir la vie éternelle ? »
Jésus lui dit : « Pourquoi m'interroges-tu sur ce qui est bon ? Celui qui est bon, c'est Dieu, et lui seul ! Si tu veux entrer dans la vie, observe les commandements. »
Il lui dit : « Lesquels ? » Jésus reprit : « *Tu ne commettras pas de meurtre. Tu ne commettras pas d'adultère. Tu ne commettras pas de vol. Tu ne porteras pas de faux témoignage. Honore ton père et ta mère.* Et aussi : *Tu aimeras ton prochain comme toi-même.* »
Le jeune homme lui dit : « Tout cela, je l'ai observé : que me manque-t-il encore ? »
Jésus lui répondit : « Si tu veux être parfait, va, vends ce que tu possèdes, donne-le aux pauvres, et tu auras un

trésor dans les cieux. Puis viens, suis-moi. » À ces mots, le jeune homme s'en alla tout triste, car il avait de grands biens.

Prière sur les offrandes

Accueille avec bienveillance nos présents, nous t'en prions, Seigneur : qu'ils soient sanctifiés et servent ainsi à notre salut. Par le Christ, notre Seigneur. **— *Amen.***

Antienne de la communion

Approchez du Seigneur :
resplendissez de sa lumière,
sans ombre ni trouble au visage.
(cf. Ps 33, 6)

OU

Je suis la lumière du monde,
dit le Seigneur. Celui qui me suit
ne marchera pas dans les ténèbres :
il aura la lumière de la vie.
(Jn 8, 12)

Prière après la communion

Nous t'en prions, Dieu tout-puissant ; nous recevons de toi la grâce qui fait vivre : fais que nous trouvions toujours notre gloire dans ce que tu nous donnes. Par le Christ, notre Seigneur. **— *Amen.***

INVITATION

Quels sont les « grands biens » dont je suis amené à me détacher pour suivre Jésus ?

COMMENTAIRE

Faire et être Matthieu 19, 16-22

« Mon faire consistera à être », écrivait Etty Hillesum, prise dans l'étau de la persécution des juifs durant la Seconde Guerre mondiale. Une manière radicale de ressembler à la source de tout bien telle qu'elle s'est révélée à Moïse au cœur incandescent du buisson ardent. Cette pauvreté fait fuir le jeune homme pourtant séduit par Jésus, plus soucieux d'observer les commandements que de s'exposer à une intime conversion. Et moi ? ■

Bénédicte de la Croix, *cistercienne*

❊ CLÉ DE LECTURE

« Il les livra » Juges 2, 14 *(p. 144)*

Ce texte peut être lu comme un exemple type des relations de Dieu avec son peuple, avec l'humanité et avec chacun. L'expression « Dieu les livra » ne doit pas être comprise comme un châtiment, mais comme un « laisser-aller », un « abandon ». Dieu laisse l'humanité libre de s'enfoncer dans l'idolâtrie, la richesse, la domination qui conduisent à la haine et à la destruction. Et, pourtant, sa miséricorde, sans relâche, rappelle les humains à la paix et au respect mutuel ; son Esprit travaille les cœurs jusqu'à ce que certains se tournent enfin vers lui. Les chrétiens croient que, dans le Christ Jésus, Dieu a manifesté qu'au-delà de toutes ses errances, l'humanité pouvait être restaurée dans sa justice. À eux de l'annoncer et de le mettre en œuvre ! ■

Roselyne Dupont-Roc, *bibliste*

MARDI 19 AOÛT 2025

20E SEMAINE DU TEMPS ORDINAIRE COULEUR LITURGIQUE : VERT

Temps ordinaire, *suggestion d'oraisons et d'antiennes n° 4*
ou **saint Jean Eudes**

Antienne d'ouverture

Sauve-nous, Seigneur notre Dieu ; rassemble-nous du milieu des nations, que nous rendions grâce à ton saint nom, fiers de chanter ta louange !
(Ps 105, 47)

Prière

Accorde-nous, Seigneur notre Dieu, de pouvoir t'adorer de tout notre esprit, et d'avoir envers tous une vraie charité. Par Jésus… ***— Amen.***

Lecture

du livre des Juges (6, 11-24a)

« Gédéon, va sauver Israël. N'est-ce pas moi qui t'envoie ? »

En ces jours-là, l'ange du Seigneur vint s'asseoir sous le térébinthe d'Ofra, qui appartenait à Joas, de la famille d'Abièzer. Gédéon, son fils, battait le blé dans le pressoir, pour le soustraire au pillage des Madianites. L'ange du Seigneur lui apparut et lui dit : « Le Seigneur est avec toi, vaillant guerrier ! » Gédéon lui répondit : « Pardon, mon Seigneur ! Si le Seigneur est avec nous, pourquoi tout ceci nous est-il arrivé ? Que sont devenus tous ces prodiges que nous ont racontés nos pères ? Ils nous disaient : "Est-ce que le Seigneur ne nous a pas fait monter d'Égypte ?"

17 - 23

Mais aujourd'hui le Seigneur nous a abandonnés, en nous livrant au pouvoir de Madiane… » Alors le Seigneur regarda Gédéon et lui dit : « Avec la force qui est en toi, va sauver Israël du pouvoir de Madiane. N'est-ce pas moi qui t'envoie ? » Gédéon reprit : « Pardon, mon Seigneur ! Comment sauverais-je Israël ? Mon clan est le plus faible dans la tribu de Manassé, et moi je suis le plus petit dans la maison de mon père ! » Le Seigneur lui répondit : « Je serai avec toi, et tu battras les Madianites comme s'ils n'étaient qu'un seul homme. » Gédéon lui dit : « Si j'ai trouvé grâce à tes yeux, donne-moi un signe que c'est bien toi qui me parles. Ne t'éloigne pas d'ici avant que je revienne vers toi. Je vais chercher mon offrande et je la placerai devant toi. » Le Seigneur répondit : « Je resterai jusqu'à ton retour. » Gédéon s'en alla, il prépara un chevreau, et avec une mesure de farine il fit des pains sans levain. Il mit la viande dans une corbeille, et le jus dans un pot, puis il apporta tout cela sous le térébinthe et le lui présenta. L'ange de Dieu lui dit : « Prends la viande et les pains sans levain, pose-les sur ce rocher et répands le jus. » Gédéon obéit. Alors l'ange du Seigneur étendit le bâton qu'il tenait à la main, et il toucha la viande et les pains sans levain. Le feu jaillit de la roche, consuma la viande et les pains sans levain, et l'ange du Seigneur disparut. Alors Gédéon comprit que c'était l'ange du Seigneur, et il dit : « Malheur à moi, Seigneur mon Dieu ! Pourquoi donc ai-je vu l'ange du Seigneur face à face ? » Le Seigneur lui répondit : « Que la paix soit avec toi ! Sois sans crainte ; tu ne mourras pas. » À cet endroit, Gédéon bâtit un autel au Seigneur sous le vocable de Seigneur-de-la-paix.

– Parole du Seigneur.

Psaume 84 (85)

℟ ***Ce que dit le Seigneur, c'est la paix pour son peuple.***

J'écoute : que dira le Seigneur Dieu ?
Ce qu'il dit, c'est la paix
pour son peuple et ses fidèles ;
qu'ils ne reviennent jamais à leur folie ! ℟

Amour et vérité se rencontrent,
justice et paix s'embrassent ;
la vérité germera de la terre
et du ciel se penchera la justice. ℟

Le Seigneur donnera ses bienfaits,
et notre terre donnera son fruit.
La justice marchera devant lui,
et ses pas traceront le chemin. ℟

Acclamation de l'Évangile

Alléluia. Alléluia. Jésus Christ s'est fait pauvre, lui qui était riche, pour que vous deveniez riches par sa pauvreté. ***Alléluia.***

Évangile de Jésus Christ

selon saint Matthieu (19, 23-30)

« Il est plus facile à un chameau de passer par un trou d'aiguille qu'à un riche d'entrer dans le royaume des Cieux »

En ce temps-là, Jésus disait à ses disciples : « Amen, je vous le dis : un riche entrera difficilement dans le royaume des Cieux. Je vous le répète : il est plus facile à un chameau de passer par un trou d'aiguille qu'à un riche d'entrer dans le royaume des Cieux. » Entendant ces paroles, les disciples furent profondément déconcertés, et ils disaient : « Qui

donc peut être sauvé ? » Jésus posa sur eux son regard et dit : « Pour les hommes, c'est impossible, mais pour Dieu tout est possible. » Alors Pierre prit la parole et dit à Jésus : « Voici que nous avons tout quitté pour te suivre : quelle sera donc notre part ? » Jésus leur déclara : « Amen, je vous le dis : lors du renouvellement du monde, lorsque le Fils de l'homme siégera sur son trône de gloire, vous qui m'avez suivi, vous siégerez vous aussi sur douze trônes pour juger les douze tribus d'Israël. Et celui qui aura quitté, à cause de mon nom, des maisons, des frères, des sœurs, un père, une mère, des enfants, ou une terre, recevra le centuple, et il aura en héritage la vie éternelle. Beaucoup de premiers seront derniers, beaucoup de derniers seront premiers. »

Prière sur les offrandes

Pour te servir, Seigneur, nous déposons nos présents sur ton autel : accueille-les favorablement, pour qu'ils deviennent le sacrement de notre rédemption. Par le Christ, notre Seigneur. — ***Amen.***

Antienne de la communion

Sur ton serviteur,
que s'illumine ta face ;
sauve-moi dans ta miséricorde.
Seigneur, garde-moi d'être humilié,
car je t'ai invoqué.
(cf. Ps 30, 17-18)

OU

Heureux les pauvres de cœur,
car le royaume des Cieux est à eux.
Heureux les doux, car ils recevront
la terre en héritage.
(Mt 5, 3.5)

Prière après la communion
Nous avons été fortifiés par le sacrement de notre rédemption, et nous t'en prions, Seigneur : que cette nourriture pour le salut éternel nous fasse progresser dans la foi véritable. Par le Christ, notre Seigneur. — ***Amen.***

INVITATION

Aujourd'hui, si je décidais de m'engager dans une association d'entraide ?
Je peux lui faire un don, apporter une aide ponctuelle, devenir bénévole...

COMMENTAIRE

Jamais seul
Juges 6, 11-24a

Un ange du Seigneur interpelle Gédéon pour lui confier une mission. Celui-ci se récuse, faisant valoir sa petitesse : « Mon clan est le plus faible dans la tribu de Manassé, et moi je suis le plus petit dans la maison de mon père ! » La réponse tombe alors dans toute la force de sa simplicité : « Je serai avec toi. » Oui, Dieu, l'Emmanuel, est toujours avec nous. Changer de point d'appui nous ouvre à tous les possibles. ■

Bénédicte de la Croix, cistercienne

MERCREDI 20 AOÛT 2025

20E SEMAINE DU TEMPS ORDINAIRE COULEUR LITURGIQUE : BLANC

Saint Bernard

XIIe siècle. Moine de Cîteaux, abbé de Clairvaux, « arbitre de l'Europe », conseiller des papes et des rois, mais aussi homme de prière et grand mystique. Docteur de l'Église.

Antienne d'ouverture

Le Seigneur a comblé de l'esprit d'intelligence saint Bernard
dont l'enseignement, tel un fleuve,
irrigua le peuple de Dieu.

Prière

Seigneur Dieu, tu as voulu que le saint abbé Bernard, dévoré par l'amour de ta maison, soit dans ton Église une lampe qui éclaire et qui brûle ; par son intercession, accorde-nous d'avancer toujours en fils de lumière, dans la ferveur du même esprit. Par Jésus… ***— Amen.***

Lecture

du livre des Juges (9, 6-15)

Vous m'avez dit : « Non, c'est un roi qui doit régner sur nous » – alors que votre roi, c'est le Seigneur votre Dieu

En ces jours-là, tous les notables de Sichem et ceux de la maison du Terre-Plein se réunirent et vinrent proclamer roi Abimélek, près du chêne de la Pierre-Dressée qui est à Sichem. On l'annonça à Yotam. Celui-ci vint se poster sur le sommet du mont Garizim et il cria de toutes ses forces : « Écoutez-moi, notables de Sichem, et Dieu vous écoutera !

Un jour, les arbres se mirent en campagne pour se donner un roi et le consacrer par l'onction. Ils dirent à l'olivier : "Sois notre roi !" L'olivier leur répondit : "Faudra-t-il que je renonce à mon huile, qui sert à honorer Dieu et les hommes, pour aller me balancer au-dessus des autres arbres ?" Alors les arbres dirent au figuier : "Viens, toi, sois notre roi !" Le figuier leur répondit : "Faudra-t-il que je renonce à la douceur et à la saveur de mes fruits, pour aller me balancer au-dessus des autres arbres ?" Les arbres dirent alors à la vigne : "Viens, toi, sois notre roi !" La vigne leur répondit : "Faudra-t-il que je renonce à mon vin, qui réjouit Dieu et les hommes, pour aller me balancer au-dessus des autres arbres ?" Alors tous les arbres dirent au buisson d'épines : "Viens, toi, sois notre roi !" Et le buisson d'épines répondit aux arbres : "Si c'est de bonne foi que vous me consacrez par l'onction pour être votre roi, venez vous abriter sous mon ombre ; sinon, qu'un feu sorte du buisson d'épines et dévore jusqu'aux cèdres du Liban !" »

– Parole du Seigneur.

Psaume 20 (21)

℟ ***Seigneur, le roi se réjouit de ta force.***

Seigneur, le roi se réjouit de ta force ;
quelle allégresse lui donne ta victoire !
Tu as répondu au désir de son cœur,
tu n'as pas rejeté le souhait de ses lèvres. ℟

Tu lui destines bénédictions et bienfaits,
tu mets sur sa tête une couronne d'or.
La vie qu'il t'a demandée, tu la lui donnes,
de longs jours, des années sans fin. ℟

Par ta victoire, grandit son éclat :
tu le revêts de splendeur et de gloire.
Tu mets en lui ta bénédiction pour toujours :
ta présence l'emplit de joie ! ℟

Acclamation de l'Évangile

Alléluia. Alléluia. Elle est vivante, efficace, la parole de Dieu ; elle juge des intentions et des pensées du cœur. ***Alléluia.***

Évangile de Jésus Christ

selon saint Matthieu (20, 1-16)

« Ton regard est-il mauvais parce que moi, je suis bon ? »

En ce temps-là, Jésus disait à ses disciples cette parabole : « Le royaume des Cieux est comparable au maître d'un domaine qui sortit dès le matin afin d'embaucher des ouvriers pour sa vigne. Il se mit d'accord avec eux sur le salaire de la journée : un denier, c'est-à-dire une pièce d'argent, et il les envoya à sa vigne. Sorti vers neuf heures, il en vit d'autres qui étaient là, sur la place, sans rien faire. Et à ceux-là, il dit : "Allez à ma vigne, vous aussi, et je vous donnerai ce qui est juste." Ils y allèrent. Il sortit de nouveau vers midi, puis vers trois heures, et fit de même. Vers cinq heures, il sortit encore, en trouva d'autres qui étaient là et leur dit : "Pourquoi êtes-vous restés là, toute la journée, sans rien faire ?" Ils lui répondirent : "Parce que personne ne nous a embauchés." Il leur dit : "Allez à ma vigne, vous aussi." Le soir venu, le maître de la vigne dit à son intendant : “Appelle les ouvriers et distribue le salaire, en commençant par les derniers pour finir par les premiers.” Ceux qui avaient commencé à cinq heures s’avancèrent et reçurent chacun une pièce d’un denier. Quand vint le tour des premiers, ils pensaient recevoir davantage, mais ils reçurent, eux aussi, chacun une pièce d’un denier. En la recevant, ils récriminaient contre le maître du domaine : “Ceux-là, les derniers venus, n’ont fait qu’une heure, et tu les traites à l’égal de nous, qui avons enduré le poids du jour et de la chaleur !” Mais le maître répondit à l’un d’entre eux : “Mon ami, je ne suis pas injuste envers toi. N’as-tu pas été d’accord avec moi pour un denier ? Prends ce qui te revient, et va-t’en. Je veux donner au dernier venu autant qu’à toi : n’ai-je pas le droit de faire ce que je veux de mes biens ? Ou alors ton regard est-il mauvais parce que moi, je suis bon ?” C’est ainsi que les derniers seront premiers, et les premiers seront derniers. »

Prière sur les offrandes

Nous te présentons, Dieu de majesté, le sacrement de l’unité et de la paix, en ce jour où nous faisons mémoire de saint Bernard, lui qui travailla de toutes ses forces, par une parole et une action remarquables, à favoriser la concorde en ton Église. Par le Christ, notre Seigneur. — ***Amen.***

Antienne de la communion

Comme le Père m’a aimé, moi aussi,
je vous ai aimés, dit le Seigneur.
Demeurez dans mon amour.
(Jn 15, 9)

Prière après la communion
Que la nourriture reçue en célébrant saint Bernard nous soit profitable, Seigneur, afin que, réconfortés par son exemple et guidés par ses conseils, nous soyons saisis d'amour pour ton Verbe incarné. Lui qui… — ***Amen.***

INVITATION

Pour découvrir saint Bernard de Clairvaux, que nous fêtons aujourd'hui, je peux lire le texte de l'audience générale du pape Benoît XVI du mercredi 21 octobre 2009 (sur le site www.vatican.va).

COMMENTAIRE

La misère, lieu de la miséricorde
Matthieu 20, 1-16

« Ce n'est pas la misère, c'est la miséricorde qui rend heureux, mais le lieu où elle habite, c'est la misère », affirme saint Bernard *(Doctor Mellifluus,* Pie XII). Les ouvriers de la dernière heure sont bien ces femmes et ces hommes qui expérimentent qu'aux yeux du monde, ils ne valent pas grand-chose. Embauchés après tous les autres, parce que certainement moins costauds, ils sont rétablis dans leur entière dignité par l'amour du Maître. Pourquoi en être jaloux ? ■

***Bénédicte de la Croix,** cistercienne*

JEUDI 21 AOÛT 2025

20E SEMAINE DU TEMPS ORDINAIRE COULEUR LITURGIQUE : BLANC

Saint Pie X

1835-1914. Intraitable défenseur de la foi, Joseph Sarto – élu pape en 1903 – remit à l'honneur la communion précoce et fréquente, ainsi que la musique sacrée.

Antienne d'ouverture

Le Seigneur s'est choisi saint Pie X comme grand prêtre,
et, lui ouvrant ses trésors, il l'a comblé de tous les biens.

OU

Voici le grand prêtre qui pendant sa vie fut agréable à Dieu.
C'est pourquoi le Seigneur a fait serment de le faire grandir
au milieu de son peuple. (cf. Si 50, 1 ; 44, 16.22)

Prière

Seigneur Dieu, pour veiller sur la foi catholique et récapituler toutes choses dans le Christ, tu as comblé le pape saint Pie X de sagesse divine et de courage apostolique ; accorde-nous de suivre ses instructions et ses exemples pour obtenir l'éternelle récompense. Par Jésus… — ***Amen.***

17-23

Lecture

du livre des Juges (11, 29-39a)

« La première personne qui sortira de ma maison, je l'offrirai en sacrifice d'holocauste »

En ces jours-là, Jephté était un vaillant guerrier. L'Esprit du Seigneur s'empara de lui, et il traversa les pays de Galaad et Manassé, et Mispa de Galaad. De là il passa la frontière des fils d'Ammone. Jephté fit alors

ce vœu au Seigneur : « Si tu livres les fils d'Ammone entre mes mains, la première personne qui sortira de ma maison pour venir à ma rencontre quand je reviendrai victorieux appartiendra au Seigneur, et je l'offrirai en sacrifice d'holocauste. » Jephté passa chez les fils d'Ammone pour les attaquer, et le Seigneur les livra entre ses mains. Il les battit depuis Aroër jusqu'à proximité de Minnith et jusqu'à Abel-Keramim, soit le territoire de vingt villes. Ce fut une très grande défaite, et les fils d'Ammone durent se soumettre aux fils d'Israël. Lorsque Jephté revint à Mispa, comme il arrivait à sa maison, voici que sa fille sortit à sa rencontre en dansant au son des tambourins. C'était son unique enfant ; en dehors d'elle, il n'avait ni fils ni fille. Dès qu'il l'aperçut, il déchira ses vêtements et s'écria : « Hélas, ma fille, tu m'accables ! C'est toi qui fais mon malheur ! J'ai parlé trop vite devant le Seigneur, et je ne peux pas reprendre ma parole. » Elle lui répondit : « Mon père, tu as parlé trop vite devant le Seigneur, traite-moi donc selon ta parole, puisque maintenant le Seigneur t'a vengé de tes ennemis, les fils d'Ammone. » Et elle ajouta : « Je ne te demande qu'une chose : laisse-moi un répit de deux mois. J'irai dans les montagnes pour pleurer ma virginité avec mes amies. » Il lui dit : « Va ! » Et il la laissa partir pour deux mois. Elle s'en alla donc, avec ses amies, dans la montagne, et pleura sa virginité. Les deux mois écoulés, elle revint vers son père, et il accomplit à son égard le vœu qu'il avait prononcé.

– Parole du Seigneur.

Psaume 39 (40)

℟ ***Me voici, Seigneur, je viens faire ta volonté.***

Heureux est l'homme
qui met sa foi dans le Seigneur
et ne va pas du côté des violents,
dans le parti des traîtres. ℟

Tu ne voulais ni offrande ni sacrifice,
tu as ouvert mes oreilles ;
tu ne demandais ni holocauste ni victime,
alors j'ai dit : « Voici, je viens. ℟

« Dans le livre, est écrit pour moi
ce que tu veux que je fasse.
Mon Dieu, voilà ce que j'aime :
ta loi me tient aux entrailles. » ℟

J'annonce la justice
dans la grande assemblée ;
vois, je ne retiens pas mes lèvres,
Seigneur, tu le sais. ℟

Acclamation de l'Évangile

Alléluia. Alléluia. Aujourd'hui, ne fermez pas votre cœur, mais écoutez la voix du Seigneur. ***Alléluia.***

Évangile de Jésus Christ

selon saint Matthieu (22, 1-14)

« Tous ceux que vous trouverez, invitez-les à la noce »

En ce temps-là, Jésus se mit de nouveau à parler aux grands prêtres et aux anciens du peuple, et il leur dit en paraboles : « Le royaume des Cieux est comparable à un roi qui célébra les noces de son fils. Il envoya ses serviteurs appeler à la noce les invités, mais ceux-ci ne voulaient pas venir. Il envoya encore d'autres serviteurs dire aux invités : "Voilà : j'ai préparé mon banquet, mes bœufs et mes bêtes grasses sont égorgés ; tout est prêt : venez à la noce." Mais ils n'en tinrent aucun compte et s'en allèrent, l'un à son champ, l'autre à son commerce ; les autres empoignèrent les serviteurs, les maltraitèrent et les tuèrent. Le roi se mit en colère, il envoya ses troupes, fit périr les meurtriers et incendia leur ville. Alors il dit à ses serviteurs : "Le repas de noce est prêt, mais les invités n'en étaient pas dignes. Allez donc aux croisées des chemins : tous ceux que vous trouverez, invitez-les à la noce." Les serviteurs allèrent sur les chemins, rassemblèrent tous ceux qu'ils trouvèrent, les mauvais comme les bons, et la salle de noce fut remplie de convives.

« Le roi entra pour examiner les convives, et là il vit un homme qui ne portait pas le vêtement de noce. Il lui dit : "Mon ami, comment es-tu entré ici, sans avoir le vêtement de noce ?" L'autre garda le silence. Alors le roi dit aux serviteurs : "Jetez-le, pieds et poings liés, dans les ténèbres du dehors ; là, il y aura des pleurs et des grincements de dents."

« Car beaucoup sont appelés, mais peu sont élus. »

Prière sur les offrandes

En ta bonté, Seigneur, tu accueilles nos offrandes ; donne-nous de suivre les enseignements du pape saint Pie X, afin de célébrer avec respect ces mystères divins, et d'y communier avec foi. Par le Christ, notre Seigneur. — ***Amen.***

Antienne de la communion
Le bon pasteur, le vrai berger,
a donné sa vie pour ses brebis.
(cf. Jn 10, 11)

Prière après la communion
En célébrant la mémoire du pape saint Pie X, nous te prions, Seigneur notre Dieu : que notre participation à la table du ciel nous fortifie, qu'elle nous rende fermes dans la foi, et unis dans ton amour. Par le Christ, notre Seigneur. — ***Amen.***

INVITATION

L'été est le bon moment pour louer Dieu avec les mots de saint François :
« Loué sois-tu, mon Seigneur, avec toutes tes créatures ! »
Je peux les prononcer à voix haute plusieurs fois dans la journée.

COMMENTAIRE

« Me voici, je viens » Psaume 39 (40)

La liturgie met sur nos lèvres les versets du psaume que l'auteur de la lettre aux Hébreux cite pour expliquer la posture adoptée par Jésus au seuil de son incarnation. L'élan qui le porte à accomplir la volonté de son Père est exprimé ici de façon lapidaire : « Voici, je viens. » À la suite du Fils de l'homme, goûtons la puissance de ces mots. Sommes-nous prêts à les prononcer à notre tour, sûrs que la grâce de Dieu ne nous fera jamais défaut ? ■

***Bénédicte de la Croix**, cistercienne*

VENDREDI 22 AOÛT 2025

COULEUR LITURGIQUE : BLANC

Bienheureuse Vierge Marie Reine

En l'octave de l'Assomption, l'Église célèbre aujourd'hui la puissance de Marie, qui intercède pour nous comme mère. Cet aspect triomphal de royauté présage déjà l'Église glorieuse du ciel.

Antienne d'ouverture

À ta droite, Seigneur, se tient la Reine, vêtue d'étoffes d'or.
(cf. Ps 44, 10)

Prière

Seigneur Dieu, tu as voulu que la Mère de ton Fils soit notre Mère et notre Reine ; fais que, soutenus par son intercession, nous obtenions dans le royaume des Cieux la gloire promise à tes enfants. Par Jésus… ***— Amen.***

Lectures propres à la mémoire de la bienheureuse Vierge Marie Reine.

Lecture

du livre du prophète Isaïe (9, 1-6)

« Un enfant nous est né »

Le peuple qui marchait dans les ténèbres a vu se lever une grande lumière ; et sur les habitants du pays de l'ombre, une lumière a resplendi. Tu as prodigué la joie, tu as fait grandir l'allégresse : ils se réjouissent devant toi, comme on se réjouit de la moisson, comme on exulte au partage du butin. Car le joug qui pesait sur lui, la barre qui meurtrissait son épaule, le bâton du tyran, tu les as brisés comme au jour de Madiane.

Et les bottes qui frappaient le sol, et les manteaux couverts de sang, les

voilà tous brûlés : le feu les a dévorés. Oui, un enfant nous est né, un fils nous a été donné ! Sur son épaule est le signe du pouvoir ; son nom est proclamé : « Conseiller-merveilleux, Dieu-Fort, Père-à-jamais, Prince-de-la-Paix. » Et le pouvoir s'étendra, et la paix sera sans fin pour le trône de David et pour son règne qu'il établira, qu'il affermira sur le droit et la justice dès maintenant et pour toujours. Il fera cela, l'amour jaloux du Seigneur de l'univers !
– Parole du Seigneur.

Psaume 112 (113)

℟ ***Béni soit le nom du Seigneur, maintenant et pour les siècles des siècles !***
ou ***Alléluia.***

Louez, servite<u>u</u>rs du Seigneur,
louez le n<u>o</u>m du Seigneur !
Béni soit le n<u>o</u>m du Seigneur,
maintenant et pour les si<u>è</u>cles des siècles ! ℟

Du levant au couch<u>a</u>nt du soleil,
loué soit le n<u>o</u>m du Seigneur !
Le Seigneur dom<u>i</u>ne tous les peuples,
sa gloire dom<u>i</u>ne les cieux. ℟

Qui est semblable au Seigne<u>u</u>r notre Dieu ?
Lui, il si<u>è</u>ge là-haut.
Mais il ab<u>a</u>isse son regard
vers le ci<u>e</u>l et vers la terre. ℟

De la poussière il rel<u>è</u>ve le faible,
il retire le pa<u>u</u>vre de la cendre
pour qu'il si<u>è</u>ge parmi les princes,
parmi les pr<u>i</u>nces de son peuple. ℟

VENDREDI 22 AOÛT 2025

Acclamation de l'Évangile

Alléluia. Alléluia. Je te salue, Marie, Comblée-de-grâce : le Seigneur est avec toi, tu es bénie entre les femmes. ***Alléluia.***

Évangile de Jésus Christ

selon saint Luc (1, 26-38)

« Voici que tu vas concevoir et enfanter un fils »

En ce temps-là, l'ange Gabriel fut envoyé par Dieu dans une ville de Galilée, appelée Nazareth, à une jeune fille vierge, accordée en mariage à un homme de la maison de David, appelé Joseph ; et le nom de la jeune fille était Marie.

L'ange entra chez elle et dit : « Je te salue, Comblée-de-grâce, le Seigneur est avec toi. » À cette parole, elle fut toute bouleversée, et elle se demandait ce que pouvait signifier cette salutation.

L'ange lui dit alors : « Sois sans crainte, Marie, car tu as trouvé grâce auprès de Dieu. Voici que tu vas concevoir et enfanter un fils ; tu lui donneras le nom de Jésus. Il sera grand, il sera appelé Fils du Très-Haut ; le Seigneur Dieu lui donnera le trône de David son père ; il régnera pour toujours sur la maison de Jacob, et son règne n'aura pas de fin. »

Marie dit à l'ange : « Comment cela va-t-il se faire, puisque je ne connais pas d'homme ? » L'ange lui répondit : « L'Esprit Saint viendra sur toi, et la puissance du Très-Haut te prendra sous son ombre* ; c'est pourquoi celui qui va naître sera saint, il sera appelé Fils de Dieu. Or voici que, dans sa vieillesse, Élisabeth, ta parente, a conçu, elle aussi, un fils et en est à son sixième mois, alors qu'on l'appelait la femme stérile. Car rien n'est impossible à Dieu. »

Marie dit alors : « Voici la servante du Seigneur ; que tout m'advienne selon ta parole. »
Alors l'ange la quitta.

Prière sur les offrandes

En célébrant la mémoire de la bienheureuse Vierge Marie, nous te présentons nos offrandes, Seigneur ; et nous t'en supplions : que l'humanité de ton Fils vienne à notre secours, puisqu'il s'est livré sur la croix comme une offrande pure. Lui qui… ***— Amen.***

Préface de la bienheureuse Vierge Marie, p. 245.

Antienne de la communion

Bienheureuse, toi qui as cru
à l'accomplissement des paroles
qui te furent dites de la part
du Seigneur.
(cf. Lc 1, 45)

Prière après la communion

Nourris par le sacrement du ciel, nous te supplions, Seigneur : donne à ceux qui vénèrent en ce jour la bienheureuse Vierge Marie, d'être jugés dignes de participer au banquet de l'éternité. Par le Christ, notre Seigneur. ***— Amen.***

INVITATION

Et si je priais le chapelet de Lourdes en direct à 15 h 30, sur le site internet du sanctuaire ou en le suivant dans les médias ?

COMMENTAIRE

Qu'il en soit ainsi Luc 1, 26-38

En écho à la fête de l'Assomption, l'Église fait mémoire de Marie, Reine. La femme de l'Apocalypse, couronnée d'étoiles, cède la place à la toute jeune fille de Nazareth. Ces deux images tracent un immense arc-en-ciel, esquissant la trajectoire de notre vocation baptismale. À la suite de Marie, prononcer notre « *fiat* » (« qu'il en soit ainsi ») et donner naissance à Jésus ; au terme de notre pèlerinage terrestre, partager sa gloire dans le sein du Père. ■

***Bénédicte de la Croix**, cistercienne*

❊ CLÉ DE LECTURE

« Te prendra sous son ombre » Luc 1, 35 *(p. 166)*

L'expression imagée « prendre sous son ombre » éveille tout un jeu d'écho dans l'Écriture. Elle évoque d'abord le récit de la Création au début de la Genèse, quand l'Esprit de Dieu planait sur les eaux (« la puissance » est un autre nom de l'Esprit). Elle rappelle aussi la présence de la nuée dans laquelle le Seigneur accompagne son peuple lors de l'Exode. Enfin le verbe est repris par Luc dans la scène de la Transfiguration : la nuée d'où vient la voix de Dieu prend Jésus et les disciples sous son ombre ; ils entendent alors qu'il est « le Fils bien-aimé » (cf. Lc 9, 35). Il est ainsi annoncé qu'en Marie, Dieu vient créer une humanité nouvelle, qu'il veut libérer de toute servitude : Jésus est le Fils « premier-né d'une multitude de frères » (Rm 8, 29). ■

***Roselyne Dupont-Roc**, bibliste*

SAMEDI 23 AOÛT 2025

20E SEMAINE DU TEMPS ORDINAIRE COULEUR LITURGIQUE : VERT

Temps ordinaire, *suggestion d'oraisons et d'antiennes n° 5*
ou **bienheureuse Vierge Marie,** *voir p. 23*
ou **sainte Rose de Lima**

17 - 23

Antienne d'ouverture

Venez, adorons Dieu, prosternons-nous devant le Seigneur qui nous a faits, car il est notre Dieu. (cf. Ps 94, 6-7)

Prière

Dans ton inlassable tendresse, nous t'en prions, Seigneur, veille sur ta famille : elle s'appuie sur la grâce du ciel, son unique espérance ; qu'elle soit toujours assurée de ta protection. Par Jésus… — ***Amen.***

Lecture

du livre de Ruth (2, 1-3.8-11 ; 4, 13-17)

« Noémi, le Seigneur ne t'a pas laissée sans quelqu'un pour te racheter ! Ruth enfanta un fils. Ce fut le père de Jessé, qui fut le père de David »

Noémi avait un parent du côté de son mari Élimélek ; c'était un riche propriétaire du même clan ; il s'appelait Booz. Ruth la Moabite dit à Noémi : « Laisse-moi aller glaner dans les champs, derrière celui aux yeux de qui je trouverai grâce. » Elle lui répondit : « Va, ma fille. » Ruth partit donc glaner dans les champs derrière les moissonneurs. Elle se trouva par bonheur dans la parcelle d'un champ appartenant à Booz, du clan d'Élimélek. Booz dit à Ruth : « Tu m'entends bien, n'est-ce pas,

ma fille ? Ne va pas glaner dans un autre champ. Ne t'éloigne pas de celui-ci, mais attache-toi aux pas de mes servantes. Regarde dans quel champ on moissonne, et suis-les. N'ai-je pas interdit aux serviteurs de te molester ? Si tu as soif, va boire aux cruches ce que les serviteurs auront puisé. » Alors Ruth se prosterna face contre terre et lui dit : « Pourquoi ai-je trouvé grâce à tes yeux, pourquoi t'intéresser à moi, moi qui suis une étrangère ? » Booz lui répondit : « On m'a dit et répété tout ce que tu as fait pour ta belle-mère après la mort de ton mari, comment tu as quitté ton père, ta mère et le pays de ta parenté, pour te rendre chez un peuple que tu n'avais jamais connu de ta vie. »

Booz prit Ruth comme épouse, elle devint sa femme et il s'unit à elle. Le Seigneur lui accorda de concevoir, et elle enfanta un fils. Les femmes de Bethléem dirent à Noémi : « Béni soit le Seigneur qui aujourd'hui ne t'a pas laissée sans quelqu'un pour te racheter ! Que son nom soit célébré en Israël ! Cet enfant te fera revivre, il sera l'appui de ta vieillesse : il est né de ta belle-fille qui t'aime, et qui vaut mieux pour toi que sept fils. » Noémi prit l'enfant, le mit sur son sein, et se chargea de l'élever. Les voisines lui donnèrent son nom. Elles disaient : « Il est né un fils à Noémi. » Et elles le nommèrent Obed. Ce fut le père de Jessé, qui fut le père de David.

– Parole du Seigneur.

Psaume 127 (128)

℟ ***Voilà comment sera béni l'homme qui craint le Seigneur.***

Heureux qui craint le Seigneur
et marche selon ses voies !
Tu te nourriras du travail de tes mains :
Heureux es-tu ! À toi, le bonheur ! ℟

Ta femme sera dans ta maison
comme une vigne généreuse,
et tes fils, autour de la table,
comme des plants d'olivier. ℟

Voilà comment sera béni
l'homme qui craint le Seigneur.
De Sion, que le Seigneur te bénisse !
Tu verras le bonheur de Jérusalem
tous les jours de ta vie. ℟

Acclamation de l'Évangile

Alléluia. Alléluia. Vous n'avez qu'un seul Père, celui qui est aux cieux ; vous n'avez qu'un seul maître, le Christ. ***Alléluia.***

Évangile de Jésus Christ

selon saint Matthieu (23, 1-12)

« Ils disent et ne font pas »

En ce temps-là, Jésus s'adressa aux foules et à ses disciples, et il déclara : « Les scribes et les pharisiens enseignent dans la chaire de Moïse. Donc, tout ce qu'ils peuvent vous dire, faites-le et observez-le. Mais n'agissez pas d'après leurs actes, car ils disent et ne font pas. Ils attachent de pesants fardeaux, difficiles à porter, et ils en chargent les épaules des gens ; mais eux-mêmes ne veulent pas les remuer du doigt. Toutes leurs actions, ils les font pour être remarqués des gens : ils élargissent leurs phylactères et rallongent leurs franges ; ils aiment les places d'honneur dans les dîners, les sièges d'honneur dans les synagogues et les salutations sur les places publiques ; ils aiment recevoir des gens le titre de Rabbi. Pour vous, ne vous faites pas donner le titre de Rabbi, car vous n'avez qu'un seul maître pour vous enseigner, et vous êtes tous frères. Ne donnez à personne sur terre le nom de père, car vous n'avez qu'un seul Père, celui qui est aux cieux. Ne vous faites pas non plus donner le titre de maîtres, car vous n'avez qu'un seul maître, le Christ. Le plus grand parmi vous sera votre serviteur. Qui s'élèvera sera abaissé, qui s'abaissera sera élevé. »

Prière sur les offrandes

Seigneur notre Dieu, tu as choisi dans ta création ces aliments qui soutiennent notre fragilité ; nous t'en prions : fais qu'ils deviennent aussi pour nous le sacrement de la vie éternelle. Par le Christ, notre Seigneur. — ***Amen.***

Antienne de la communion

Qu'ils rendent grâce au Seigneur
pour sa miséricorde, pour
ses merveilles envers les hommes :
car il rassasie l'âme épuisée, il comble
de biens celle qui a faim ! (cf. Ps 106, 8-9)

OU

Heureux ceux qui pleurent,
car ils seront consolés.
Heureux ceux qui ont faim et soif
de la justice, car ils seront rassasiés.
(Mt 5, 4.6)

Prière après la communion

Tu as voulu, Seigneur Dieu, que nous ayons part au même pain et à la même coupe ; nous t'en prions : puisque nous sommes devenus un dans le Christ, que notre manière de vivre nous donne la joie de porter du fruit pour le salut du monde. Par le Christ, notre Seigneur. — ***Amen.***

INVITATION

Aujourd'hui, je me fais serviteur de mon prochain,
en étant attentif à son besoin et en cherchant à y répondre
(par un coup de main, un sourire, une oreille attentive...).

COMMENTAIRE

En dernier !

Matthieu 23, 1-12

Beaux parleurs, nous sommes tous très doués pour dire aux autres ce qu'ils doivent faire où éviter ! Jésus dénonce cette attitude propre aux pharisiens. Son style est radicalement différent, c'est celui du Maître agenouillé aux pieds de ses disciples pour leur laver les pieds, dans une symphonie de gestes et de paroles. « Le plus grand parmi vous sera votre serviteur. » Nous n'en finirons jamais de tenter de le rejoindre à cette dernière place... ■

Bénédicte de la Croix, cistercienne

DIMANCHE 24 AOÛT 2025

21E DIMANCHE DU TEMPS ORDINAIRE

ANNÉE C - COULEUR LITURGIQUE : VERT

« Il y a des derniers qui seront premiers, et des premiers qui seront derniers. » Luc 13, 30

Si le royaume de Dieu est ouvert à toutes et à tous, la porte pour y accéder est étroite. Il ne suffit pas d'avoir « mangé et bu » en présence de Jésus. Le Christ n'attend pas de nous de beaux discours, de belles paroles. Heureux sommes-nous lorsque nous bâtissons un monde de justice et de paix. En ce jour, demandons au Seigneur la cohérence de nos paroles et de nos actes.

RITES INITIAUX

Chant d'entrée *(Suggestions p. 265)*
OU
Antienne d'ouverture
Incline vers moi ton oreille, Seigneur, exauce-moi.
Sauve, ô mon Dieu, ton serviteur qui espère en toi. Prends pitié de moi, Seigneur, toi que j'appelle tout le jour. (cf. Ps 85, 1-3)

Suggestion de préparation pénitentielle *(ou p. 236)*
Frères et sœurs, en ce jour où nous sommes invités à ne pas commettre d'injustices, préparons-nous à célébrer le mystère de l'eucharistie, en reconnaissant que nous avons péché.

Prends pitié de nous, Seigneur, toi le serviteur de tous les hommes, tu nous guides sur le chemin de la justice et de la compassion.
— Nous avons péché contre toi.
Toi qui, chaque jour, nous accueilles les bras grands ouverts, tu redresses nos genoux qui fléchissent et tu rends droits nos chemins tortueux. Montre-nous ta miséricorde.
— Et donne-nous ton salut.

Que Dieu tout-puissant nous fasse miséricorde ; qu'il nous pardonne nos péchés et nous conduise à la vie éternelle. ***— Amen.***

Gloire à Dieu *(p. 238)*

Prière

Seigneur Dieu, toi qui unis les cœurs des fidèles dans une seule volonté : donne à ton peuple d'aimer ce que tu commandes et de désirer ce que tu promets, pour qu'au milieu des changements de ce monde, nos cœurs s'établissent fermement là où se trouvent les vraies joies. Par Jésus… ***— Amen.***

LITURGIE DE LA PAROLE

Lecture du livre du prophète Isaïe (66, 18-21)

« De toutes les nations, ils ramèneront tous vos frères »

Ainsi parle le Seigneur : connaissant leurs actions et leurs pensées, moi, je viens rassembler toutes les nations, de toute langue. Elles viendront et verront ma gloire : je mettrai chez elles un signe ! Et, du milieu d'elles, j'enverrai des rescapés vers les nations les plus éloignées, vers les îles lointaines qui n'ont rien entendu de ma renommée, qui n'ont pas vu ma gloire; ma gloire, ces rescapés l'annonceront parmi les nations. Et, de toutes les nations, ils ramèneront tous vos frères, en offrande au Seigneur, sur des chevaux et des chariots, en litière, à dos de mulets et de dromadaires, jusqu'à ma montagne sainte, à Jérusalem, – dit le Seigneur. On les portera comme l'offrande qu'apportent les fils d'Israël, dans des vases purs, à la maison du Seigneur. Je prendrai même des prêtres et des Lévites parmi eux, – dit le Seigneur. – Parole du Seigneur.

Psaume 116 (117)

℟ ***Allez dans le monde entier. Proclamez l'Évangile.***
OU ***Alléluia !***

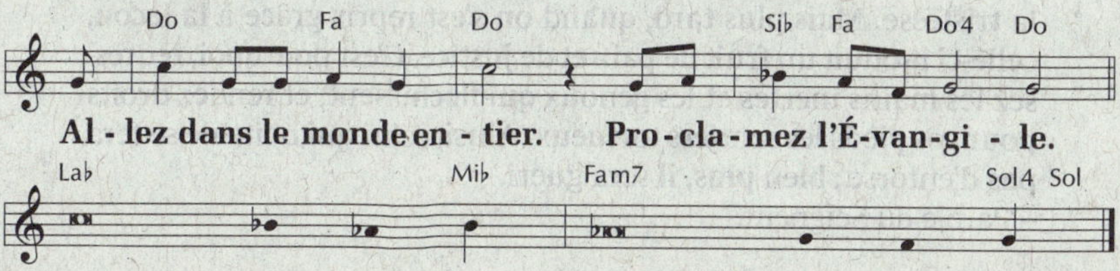

T. : AELF ; M. : G. Previdi ; Éd. : ADF.

Louez le Seigneur, tous les peuples ;
fêtez-le, tous les pays ! ℟

Son amour envers nous s'est montré le plus fort ;
éternelle est la fidélité du Seigneur ! ℟

Écoutez ce psaume sur **www.prionseneglise.fr/messe-du-dimanche**

Lecture de la lettre aux Hébreux (12, 5-7.11-13)

« Quand le Seigneur aime quelqu'un, il lui donne de bonnes leçons »

Frères, vous avez oublié cette parole de réconfort, qui vous est adressée comme à des fils : *Mon fils, ne néglige pas les leçons du Seigneur, ne te décourage pas quand il te fait des reproches. Quand le Seigneur aime quelqu'un, il lui donne de bonnes leçons ; il corrige tous ceux qu'il accueille comme ses fils.* Ce que vous endurez est une

leçon. Dieu se comporte envers vous comme envers des fils ; et quel est le fils auquel son père ne donne pas des leçons ? Quand on vient de recevoir une leçon, on n'éprouve pas de la joie mais plutôt de la tristesse. Mais plus tard, quand on s'est repris grâce à la leçon, celle-ci produit un fruit de paix et de justice. C'est pourquoi, redressez les mains inertes et les genoux qui fléchissent, et rendez droits pour vos pieds les sentiers tortueux. Ainsi, celui qui boite ne se fera pas d'entorse ; bien plus, il sera guéri.
– Parole du Seigneur.

Acclamation de l'Évangile

Alléluia. Alléluia. Moi, je suis le Chemin, la Vérité et la Vie, dit le Seigneur. Personne ne va vers le Père sans passer par moi. ***Alléluia.***

U 52-75 ; M. : J.-P. Hervy ; Psalmodie : P. Robert ; ADF-Musique.

Évangile de Jésus Christ selon saint Luc (13, 22-30)

« On viendra de l'orient et de l'occident prendre place au festin dans le royaume de Dieu »

En ce temps-là, tandis qu'il faisait route vers Jérusalem, Jésus traversait villes et villages en enseignant. Quelqu'un lui demanda : « Seigneur, n'y a-t-il que peu de gens qui soient sauvés ? » Jésus leur dit : « Efforcez-vous d'entrer par la porte étroite, car, je vous le déclare, beaucoup chercheront à entrer et n'y parviendront pas. Lorsque le maître de maison se sera levé pour fermer la porte, si vous, du dehors, vous vous mettez à frapper à la porte, en disant : "Seigneur, ouvre-nous", il vous répondra : "Je ne sais pas d'où vous êtes." Alors vous vous mettrez à dire : "Nous avons mangé et bu en ta présence, et tu as enseigné sur nos places." Il vous répondra : "Je ne sais pas d'où vous êtes. Éloignez-vous de moi, vous tous qui commettez l'injustice." Là, il y aura des pleurs et des grincements de dents, quand vous verrez Abraham, Isaac et Jacob, et tous les prophètes dans le royaume de Dieu, et que vous-mêmes, vous serez jetés dehors. Alors on viendra de l'orient et de l'occident, du nord et du midi, prendre place au festin dans le royaume de Dieu. Oui, il y a des derniers qui seront premiers, et des premiers qui seront derniers. »

Homélie

Profession de foi (p. 239)

Suggestion de prière universelle

Le prêtre :

Le Seigneur rassemble toutes les nations. Il écoute la prière de tous les hommes et de toutes les femmes. Avec foi, tournons-nous vers le Père de Jésus, le Dieu vivant. Faisons monter vers lui notre prière.

℟ ***Par Jésus Christ ton serviteur, nous te prions, Seigneur.***

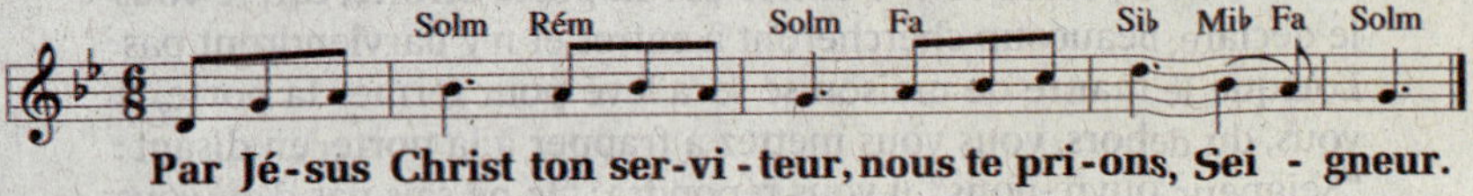

Bayard Liturgie ; M. : M. Wackenheim.

Le diacre ou un lecteur :

Béni sois-tu, notre Père, pour les chrétiens qui se battent pour les droits de tous les hommes aux quatre coins de la terre. Soutiens-les, donne-leur le courage et la force dont ils ont besoin pour mener à bien leur mission. Avec foi, nous te prions. ℟

Béni sois-tu, notre Père, pour nos élus qui mettent tout en œuvre pour que règne plus de justice dans notre pays. Éclaire-les, aide-les à prendre les meilleures décisions pour le bien de tous. Avec sagesse, nous te prions. ℟

Béni sois-tu, notre Père, pour les bénévoles des associations qui défendent le droit des personnes méprisées, abusées, rejetées, expulsées. Fortifie-les, donne-leur la patience et la persévérance malgré l'ampleur de la tâche. Solidaires, nous te prions. ℟

Béni sois-tu, notre Père, pour ces mois d'été qui sont pour beaucoup d'entre nous l'occasion de reprendre souffle avant la rentrée. Affermis notre foi, apprends-nous à prendre soin de ceux qui souffrent parmi nos amis, nos voisins et les membres de notre paroisse. D'un seul cœur, nous te prions. ℟

(Ces intentions seront adaptées ou modifiées selon les circonstances. On peut aussi s'inspirer de l'intention universelle du Saint-Père, *p. 6.)*

Le prêtre :

Dieu notre Père, toi qui nous guides sur un chemin exigeant mais plein de promesses, viens exaucer toutes nos prières, par le Christ notre Seigneur. **— *Amen.***

LITURGIE EUCHARISTIQUE

Prière sur les offrandes

Par l'unique sacrifice, offert une fois pour toutes, tu t'es donné, Seigneur, le peuple que tu as adopté ; en ta bienveillance, accorde-nous la grâce de l'unité et de la paix dans ton Église. Par le Christ, notre Seigneur. **— *Amen.***

Prière eucharistique *(Préface des dimanches,* *p. 243)*

Chant de communion *(Suggestions p. 265)*
OU
Antienne de la communion
La terre se rassasie du fruit de tes œuvres, Seigneur,
tu fais produire à la terre le pain,
et le vin qui réjouit le cœur de l'homme.
(cf. Ps 103, 13-15)
OU
Qui mange ma chair et boit mon sang a la vie éternelle,
dit le Seigneur ; et moi, je le ressusciterai au dernier jour.
(Jn 6, 54)

Prière après la communion
Que ta miséricorde agisse en nous, Seigneur, nous t'en prions, et qu'elle nous guérisse entièrement ; par ta bonté, transforme-nous et rends-nous si fervents que nous puissions te plaire en toute chose. Par le Christ, notre Seigneur. — ***Amen.***

RITE DE CONCLUSION

Bénédiction

Envoi

COMMENTAIRE DU DIMANCHE

Anne Da, xavière

La porte de l'espérance

Isaïe proclame une parole d'espérance : le Seigneur veut donner à tous les peuples de la terre de contempler sa gloire. Il appelle les rescapés d'Israël, les envoie rejoindre en son nom les plus lointains, rassembler les enfants de Dieu dispersés, leur annoncer sa gloire.

Oui, Jésus appelle à passer une porte étroite. L'évangile de Jean ne parle-t-il pas du Christ comme de la porte vers le Père ? « Moi, je suis la porte. Si quelqu'un entre par moi, il sera sauvé. Il entrera et sortira et trouvera des pâturages » (cf. Jn 10, 9). Passer la porte étroite, avec et par le Christ, demande un engagement concret. Celui qui demande au Seigneur : « N'y a-t-il que peu de gens qui soient sauvés ? », se projette dans sa représentation d'un petit nombre de sauvés dont il ferait partie, excluant les autres. •••

••• Il prend alors le risque d'entendre le maître de maison lui répondre : « Je ne sais pas d'où vous êtes. » Passer par la porte, c'est agir à la manière du Christ lui-même, pratiquer le droit, la justice, la miséricorde, marcher humblement avec lui. Agir avec une détermination exprimée par une fraternité en actes. Nous ne passerons pas la porte étroite seuls, mais avec tous nos frères et sœurs en humanité, ceux et celles avec lesquels nous aurons fait alliance, partageant ce que nous sommes et ce que nous avons. En cette année jubilaire, passer la porte sainte nous ouvre à l'espérance de vivre pour toujours avec le Seigneur.

Que représente pour moi la porte étroite dont parle le Seigneur ? Quelle est mon attente du royaume de Dieu ? Pèlerin d'espérance, comment ce jubilé m'aide-t-il à m'engager davantage avec le Christ ? ■

Prions en Église Junior

LIRE L'ÉVANGILE AVEC LES ENFANTS

CE QUE JE DÉCOUVRE

Lorsque nous lisons les paroles de Jésus dans ce passage d'évangile, nous ne sommes pas à l'aise : serons-nous de ceux qui pleurent et grincent des dents ? **Pourquoi ne serions-nous pas de ceux qui se tiennent prêts à accueillir le Seigneur ?** C'est bien cela que Jésus nous demande. Ses paroles sont comme un aiguillon qui vient nous piquer au vif pour nous réveiller, et non pas nous décourager. Alors, confiance, mettons-nous en route !

CE QUE JE VIS

Comment pries-tu Jésus ?
Que lui dis-tu ? Que lui chantes-tu ?
Que trouves-tu difficile dans ce que Jésus nous demande ?
Dessine sur une feuille un passage de l'Évangile que tu aimes beaucoup.

Texte : Prions en Église Junior. Illustrations : Marcelino Truong

MÉDITATION BIBLIQUE
21E DIMANCHE DU TEMPS ORDINAIRE
Évangile selon saint Luc 13, 22-30

Ouvert à tous

La bonne nouvelle est qu'il est possible d'entrer dans le Royaume. Sa porte est certes étroite, mais ouverte.

Le temps de la préparation

« Moi, je viens rassembler toutes les nations, de toute langue. Elles viendront et verront ma gloire : je mettrai chez elles un signe ! » (Is 66, 18-19)

Le temps de l'observation

Jésus ne répond pas vraiment à la question posée par le disciple. Alors que celui-ci l'interroge au sujet du nombre de personnes sauvées, il répond plutôt sur comment s'approcher de Dieu. Il le fait en racontant une parabole au sujet d'une porte par laquelle il n'est pas si simple de passer. La difficulté de cette porte est qu'aucune mondanité ne garantit qu'il soit possible de la traverser. Son étroitesse tient au fait qu'elle ne se voit pas. Ce n'est pas une porte automatique dont un badge garantirait l'ouverture.

Elle n'obéit à aucune appartenance sociale. Ceux qui ont mangé avec le Seigneur, ceux qui l'ont invité à enseigner chez eux n'ont pas de privilèges plus grands que les autres. La porte est étroite car seule la justice mise en œuvre par la personne permet de la franchir. Une fois encore, Jésus fait exploser nos catégories religieuses et sociales en enseignant que le royaume de Dieu est ouvert à tous.

Le temps de la méditation

L'image de la porte est intéressante. Elle permet de raconter comment il s'agit de passer un seuil qui conduit d'un espace à un autre. Une traversée est à réaliser, qui demande que tout ce qui fait une personne y participe. Ailleurs, dans l'évangile de Jean, Jésus dira : « Je suis la porte » (cf. Jn 10, 9). Si Jésus est la porte alors cela raconte qu'il est possible d'accéder au Royaume à travers lui. Cela ne veut pas nécessairement dire qu'il faut se convertir à la religion chrétienne. En racontant que l'appartenance n'est pas un critère d'entrée, Jésus annonce aux disciples qu'il permet à quiconque d'avoir un accès. Toute personne qui se convertit à la vie, à la paix, à l'amour se met en capacité d'être à la bonne hauteur pour passer cette porte. Jésus est cohérent. S'il est la paix, alors tout artisan de paix trouve l'accès au royaume de Dieu. C'est en cela que les derniers peuvent rapidement devenir les premiers.

Le temps de la prière

« Son amour envers nous s'est montré le plus fort ; éternelle est la fidélité du Seigneur ! » (Ps 116, 2) ■

Marie-Laure Durand, bibliste

L'ÉVÉNEMENT

« Jesus festival », l'été de la musique chrétienne

Quoi ?
Un festival de musique chrétienne.

Où ?
Parc du Moulin Liron, à Paray-le Monial (71).

Quand ?
Du 22 au 24 août 2025.

Comment ?
Toutes les infos sur le site : jesusfestival.fr

« Je m'appelle Cécilia et je suis une maman de trois enfants âgés de 8, 12 et 15 ans. J'avais besoin d'un temps de ressourcement personnel loin des tracas d'une vie quotidienne bien chargée. Je me suis inscrite au "Jesus festival" l'été 2024, sans savoir tout à fait ce que j'allais vivre pendant ces quelques jours. Je n'ai pas été déçue. Dès mon arrivée, j'ai été séduite par l'atmosphère bienveillante qui y régnait et que j'ai ressentie pendant tout le festival. Je me suis fait des amis très rapidement. Ce festival est atypique : il mêle concerts de louange, moments forts de prière et activités diverses.

Parc du Moulin Liron, Paray-le-Monial (71).

Dès le premier jour, je me suis rendue à la tente de la prière des frères. Cet espace est ouvert pendant toute la durée du festival. Accueillie par une religieuse et une laïque, j'ai pu "déballer" tous mes soucis, mes questions et mes joies. J'ai eu la sensation d'être "allégée", reconnue et prête à profiter pleinement de ces trois jours. Enthousiasmée par le concert de Glorious le premier soir, j'ai été émue par un groupe australien le second soir. J'ai aussi profité de la chapelle située un peu en dehors du festival. Dans ce lieu paisible, chaque festivalier pouvait prendre un temps d'adoration, un moment incroyable qui m'a emplie de force. Ce festival s'adresse à tous les âges avec une large gamme d'activités proposée pour petits et grands. Alors c'est décidé, j'y retournerai en famille. » ■

Propos recueillis par
Geneviève Pasquier, journaliste

LUNDI 25 AOÛT 2025

21E SEMAINE DU TEMPS ORDINAIRE COULEUR LITURGIQUE : VERT

Saint Louis de France *(mémoire en France)*

1214-1270. De son vivant même, le fils de Blanche de Castille était réputé pour sa piété, son sens de la justice et son souci des pauvres. Seul roi de France à avoir été canonisé.

Antienne d'ouverture

Grâce à ton amour, j'accède à ta maison, Seigneur ; vers ton temple saint, je me prosterne, et je rends grâce à ton nom. (Ps 5, 8 ; 137, 2)

Prière

Seigneur Dieu, tu as appelé saint Louis de la charge d'une royauté terrestre à la gloire du royaume des Cieux ; accorde-nous, à son intercession, de rechercher ton royaume éternel tout en accomplissant nos tâches temporelles. Par Jésus…

— Amen.

Lecture

de la première lettre de saint Paul apôtre aux Thessaloniciens (1, 1-5.8b-10)

« Vous vous êtes convertis à Dieu en vous détournant des idoles, afin d'attendre des cieux son Fils qu'il a ressuscité »

Paul, Silvain et Timothée, à l'Église de Thessalonique qui est en Dieu le Père et dans le Seigneur Jésus Christ. À vous, la grâce et la paix.

À tout moment, nous rendons grâce à Dieu au sujet de vous tous, en faisant mémoire de vous dans nos prières. Sans cesse, nous nous souvenons que votre foi est active, que votre charité se donne de la peine, que votre espérance tient bon en notre Seigneur Jésus Christ, en présence de Dieu notre

Père. Nous le savons, frères bien-aimés de Dieu, vous avez été choisis* par lui. En effet, notre annonce de l'Évangile n'a pas été, chez vous, simple parole, mais puissance, action de l'Esprit Saint, pleine certitude : vous savez comment nous nous sommes comportés chez vous pour votre bien. La nouvelle de votre foi en Dieu s'est si bien répandue partout que nous n'avons pas besoin d'en parler. En effet, les gens racontent, à notre sujet, l'accueil que nous avons reçu chez vous; ils disent comment vous vous êtes convertis à Dieu en vous détournant des idoles, afin de servir le Dieu vivant et véritable, et afin d'attendre des cieux son Fils qu'il a ressuscité d'entre les morts, Jésus, qui nous délivre de la colère qui vient.
– Parole du Seigneur.

Psaume 149

℟ ***Le Seigneur aime son peuple !***
OU ***Alléluia !***

Chantez au Seigneur un chant nouveau,
louez-le dans l'assemblée de ses fidèles !
En Israël, joie pour son créateur ;
dans Sion, allégresse pour son Roi ! ℟

Dansez à la louange de son nom,
jouez pour lui, tambourins et cithares !
Car le Seigneur aime son peuple,
il donne aux humbles l'éclat de la victoire. ℟

Que les fidèles exultent, glorieux,
criant leur joie à l'heure du triomphe.
Qu'ils proclament les éloges de Dieu :
c'est la fierté de ses fidèles. ℟

Acclamation de l'Évangile

Alléluia. Alléluia. Mes brebis écoutent ma voix, dit le Seigneur ; moi, je les connais, et elles me suivent. ***Alléluia.***

Évangile de Jésus Christ

selon saint Matthieu (23, 13-22)

« Malheureux êtes-vous, guides aveugles »

En ce temps-là, Jésus disait : « Malheureux êtes-vous, scribes et pharisiens hypocrites, parce que vous fermez à clé le royaume des Cieux devant les hommes ; vous-mêmes, en effet, n'y entrez pas, et vous ne laissez pas entrer ceux qui veulent entrer ! Malheureux êtes-vous, scribes et pharisiens hypocrites, parce que vous parcourez la mer et la terre pour faire un seul converti, et quand c'est arrivé, vous faites de lui un homme voué à la géhenne, deux fois pire que vous !

« Malheureux êtes-vous, guides aveugles, vous qui dites : "Si l'on fait un serment par le Sanctuaire, il est nul ; mais si l'on fait un serment par l'or du Sanctuaire, on doit s'en acquitter." Insensés et aveugles ! Qu'est-ce qui est le plus important : l'or ? ou bien le Sanctuaire qui consacre cet or ? Vous dites encore : "Si l'on fait un serment par l'autel, il est nul ; mais si l'on fait un serment par l'offrande posée sur l'autel, on doit s'en acquitter." Aveugles ! Qu'est-ce qui est le plus important : l'offrande ? ou bien l'autel qui consacre cette offrande ? Celui donc qui fait un serment par l'autel fait un serment par l'autel et par tout ce qui est posé dessus ; celui qui fait un serment par le Sanctuaire fait un serment par le Sanctuaire et

par Celui qui l'habite ; et celui qui fait un serment par le ciel fait un serment par le trône de Dieu et par Celui qui siège sur ce trône. »

Prière sur les offrandes

Seigneur Dieu, tu as rendu saint Louis admirable sur la terre et tu l'as glorifié dans le ciel ; fais que nous brûlions comme lui de ton amour quand nous prenons place autour de l'autel pour t'offrir le sacrifice rédempteur. Par le Christ, notre Seigneur. — ***Amen.***

Antienne de la communion

Heureux qui pense au pauvre
et au faible : le Seigneur le sauve
au jour du malheur.
(Ps 40, 2)

Prière après la communion

Dieu très bon, tu as donné à saint Louis un amour exemplaire pour les pauvres ; fais que, rénovés à la table eucharistique, nous sachions, comme lui, reconnaître et servir le Christ dans les plus déshérités de nos frères. Par le Christ, notre Seigneur. — ***Amen.***

INVITATION

Le psaume m'invite à louer Dieu par le chant. Je choisis un chant de louange que je chante ce matin et ce soir.

COMMENTAIRE

Un « oui » qui change la vie 1 Thessaloniciens 1, 1-5.8b-10 ; Matthieu 23, 13-22

D'un côté, une pratique religieuse crispée sur la Loi, qui se noie dans les dédales de la jurisprudence jusqu'à perdre de vue l'essentiel. C'est cette religiosité que Jésus fustige sévèrement. De l'autre, la réponse existentielle des Thessaloniciens à l'amour manifesté à l'extrême par Jésus. Un « oui » qui change la vie et l'oriente selon Dieu, dans l'adhésion de la foi, l'amour actif et la persévérance de l'espérance. ■

Jean-Marc Liautaud, Fondacio

✲ CLÉ DE LECTURE

« Choisis » 1 Thessaloniciens 1, 4 *(p. 191)*

La lettre de Paul aux Thessaloniciens est le premier écrit chrétien (vers 49 ap. J.-C.) alors qu'aucun évangile n'était encore mis par écrit. Paul encourage la petite Église de Thessalonique, qu'il a fondée, en déployant pour elle tout le trésor de la foi : à la suite d'Israël, peuple élu par Dieu, il n'hésite pas à dire que les chrétiens de Thessalonique sont élus, choisis par Dieu pour son service. Ce service n'exige pas un départ en mission sur les routes lointaines. Magnifique image d'une évangélisation qui prend le relais de l'apôtre, sans déplacement spectaculaire, mais par le simple récit qui répand la nouvelle : ces gens-là vivent, en mettant en pratique une foi active, une charité qui se donne de la peine et une espérance qui tient bon ! ■

Roselyne Dupont-Roc, bibliste

MARDI 26 AOÛT 2025

21ᴱ SEMAINE DU TEMPS ORDINAIRE COULEUR LITURGIQUE : VERT

Temps ordinaire, *suggestion d'oraisons et d'antiennes n° 7*
ou, en France, **saint Césaire d'Arles***, voir p. 200*

Antienne d'ouverture

Seigneur, j'ai mis mon espoir en ta miséricorde ;
mon cœur a exulté dans ton salut !
Je chanterai le Seigneur pour le bien qu'il m'a fait.
(cf. Ps 12, 6)

Prière

Dieu tout-puissant, nous t'en prions : accorde-nous de conformer à ta volonté nos paroles et nos actes dans une inlassable recherche des biens spirituels. Par Jésus…
— Amen.

Lecture

de la première lettre de saint Paul apôtre aux Thessaloniciens (2, 1-8)

« Nous aurions voulu vous donner non seulement l'Évangile de Dieu, mais jusqu'à nos propres vies »

Frères, vous le savez bien vous-mêmes, notre venue chez vous n'a pas été inutile. Nous venions de souffrir et d'être outragés à Philippes, comme vous le savez ; nous avons cependant trouvé en notre Dieu pleine assurance pour vous annoncer, au prix de grandes luttes, l'Évangile de Dieu. Et quand nous vous exhortions, ce n'était pas avec des doctrines fausses, ni des motifs impurs, ni par ruse. En effet, pour nous confier l'Évangile, Dieu a éprouvé notre valeur, de sorte que nous parlons, non pas pour plaire aux hommes, mais à Dieu, lui qui met nos cœurs à l'épreuve. Jamais, nous n'avons eu un mot de flatterie, vous le savez, jamais de motifs intéressés, Dieu en est témoin ; jamais nous n'avons recherché la gloire qui vient des hommes, ni auprès de vous ni auprès d'autres personnes. Alors que nous aurions pu nous imposer* en qualité d'apôtres du Christ, au contraire, nous avons été pleins de douceur avec vous, comme une mère qui entoure de soins ses nourrissons. Ayant pour vous une telle affection, nous aurions voulu vous donner non seulement l'Évangile de Dieu, mais jusqu'à nos propres vies, car vous nous étiez devenus très chers.

– Parole du Seigneur.

Psaume 138 (139)

℟ *Tu me scrutes, Seigneur, et tu sais !*

Tu me scrutes, Seigneur, et tu sais !
Tu sais quand je m'assois, quand je me lève ;
de très loin, tu pénètres mes pensées. ℟

Que je marche ou me repose, tu le vois,
tous mes chemins te sont familiers.
Avant qu'un mot ne parvienne à mes lèvres,
déjà, Seigneur, tu le sais. ℟

Tu me devances et me poursuis,
tu m'enserres,
tu as mis la main sur moi.
Savoir prodigieux qui me dépasse,
hauteur que je ne puis atteindre ! ℟

Acclamation de l'Évangile

Alléluia. Alléluia. Elle est vivante, efficace, la parole de Dieu ; elle juge des intentions et des pensées du cœur. ***Alléluia.***

Évangile de Jésus Christ

selon saint Matthieu (23, 23-26)

« Voilà ce qu'il fallait pratiquer sans négliger le reste »

En ce temps-là, Jésus disait : « Malheureux êtes-vous, scribes et pharisiens hypocrites, parce que vous payez la dîme sur la menthe, le fenouil et le cumin, mais vous avez négligé ce qui est le plus important dans la Loi : la justice, la miséricorde et la fidélité. Voilà ce qu'il fallait pratiquer sans négliger le reste. Guides aveugles ! Vous filtrez le moucheron, et vous avalez le chameau ! Malheureux êtes-vous, scribes et pharisiens hypocrites, parce que vous purifiez l'extérieur de la coupe et de l'assiette, mais l'intérieur est rempli de cupidité et d'intempérance ! Pharisien aveugle, purifie d'abord l'intérieur de la coupe, afin que l'extérieur aussi devienne pur. »

Prière sur les offrandes

En célébrant tes mystères, Seigneur, pour te servir comme il convient, nous te supplions humblement : que les dons offerts pour honorer ta gloire nous fassent progresser vers le salut. Par le Christ, notre Seigneur. — ***Amen.***

Antienne de la communion
De tout mon cœur, Seigneur,
je rendrai grâce, je dirai tes
innombrables merveilles ;
pour toi, j'exulterai, je danserai,
je fêterai ton nom, Dieu Très-Haut.
(Ps 9, 2-3)
OU
Seigneur, je le crois : tu es le Christ,
le Fils du Dieu vivant,
celui qui vient dans le monde.
(Jn 11, 27)

Prière après la communion
Nous t'en prions, Dieu tout-puissant : donne-nous de recueillir tous les fruits de salut dont ces mystères sont déjà la promesse et le gage. Par le Christ, notre Seigneur. — ***Amen.***

INVITATION

Et si j'allais marcher seul 15 minutes, autour de chez moi, avec Dieu pour seul compagnon ?

COMMENTAIRE

À cœurs ouverts

1 Thessaloniciens 2, 1-8 ; Matthieu 23, 23-26

Aujourd'hui encore, le parallèle entre les textes est inspirant. Dans l'évangile, Jésus dénonce chez ses adversaires une religion dont les marqueurs sont à l'extérieur : elle échoue à ajuster à Dieu le cœur de ceux qui la pratiquent. C'est ce cœur transformé qui se livre à nous à travers le portrait que Paul fait de lui-même en évoquant son ministère à Thessalonique, doux, désintéressé et sans effets de séduction. ■

***Jean-Marc Liautaud,** Fondacio*

CLÉ DE LECTURE

« Nous imposer »

1 Thessaloniciens 2, 7 *(p. 196)*

L'expression « être un poids » peut s'entendre de deux façons : être à charge matériellement, imposer son autorité. En Grèce, c'était le cas des philosophes et des prédicateurs religieux itinérants, dont le renom était d'autant plus grand qu'ils faisaient payer cher leurs prestations ! Paul ne veut rien de cela. Son autorité lui vient du Christ qui l'envoie (« apôtre » signifie « envoyé »). Mais, par là même, elle ne peut être qu'une autorité de service et de dévouement. Les images sont étonnantes : Paul est comme une mère dans sa tendresse pour les chrétiens de Thessalonique ! L'Évangile ne se transmet pas d'en haut, par un savoir imposé, mais dans une présence attentive qui accompagne, aide à vivre au quotidien et fait naître des relations nouvelles. ■

***Roselyne Dupont-Roc,** bibliste*

Saint Césaire d'Arles (en France)

Couleur liturgique : blanc

Vers 470-543. Moine de Lérins, puis évêque d'Arles pendant quarante ans, Césaire fut à la fois un grand homme de gouvernement et un excellent pasteur d'âmes.

Antienne d'ouverture

Je m'occuperai de mes brebis,
je veillerai sur elles, dit le Seigneur,
je susciterai à leur tête un seul berger.
Moi, le Seigneur, je serai leur Dieu.
(cf. Ez 34, 11.23-24)

Prière

Tu as donné, Seigneur, au bienheureux Césaire d'Arles une grande aptitude pour enseigner au peuple ta Parole ; daigne ouvrir nos cœurs au message qu'il nous a transmis avec fidélité et conviction. Par Jésus… – ***Amen.***

Prière sur les offrandes

En cette fête de saint Césaire d'Arles, Seigneur, nous t'en prions, regarde avec bonté les offrandes que nous déposons sur l'autel qui t'est consacré ; en nous procurant ton pardon, qu'elles servent à la gloire de ton nom. Par le Christ, notre Seigneur. – ***Amen.***

Antienne de la communion

Ce n'est pas vous qui m'avez choisi,
dit le Seigneur, c'est moi qui vous
ai choisis et établis, afin que vous
alliez, que vous portiez du fruit,
et que votre fruit demeure.
(cf. Jn 15, 16)

Prière après la communion

Déjà rénovés par ces mystères très saints, nous te supplions humblement, Seigneur : puissions-nous, en prenant exemple sur saint Césaire d'Arles, professer ce qu'il a cru et pratiquer ce qu'il a enseigné. Par le Christ, notre Seigneur. – ***Amen.***

MERCREDI 27 AOÛT 2025

21ᴱ SEMAINE DU TEMPS ORDINAIRE COULEUR LITURGIQUE : BLANC

Sainte Monique

IVᵉ siècle. Mère de saint Augustin. Sa prière, son exemple et son affection jouèrent un rôle dans la conversion de son fils. Elle mourut à Ostie, près de Rome.

Antienne d'ouverture

La femme qui craint le Seigneur mérite la louange.
Ses fils la disent bienheureuse, et son mari fait son éloge. (cf. Pr 31, 30.28)

OU

Ses doigts s'ouvrent en faveur du pauvre, elle tend la main
au malheureux, elle ne mange pas le pain de l'oisiveté. (cf. Pr 31, 20.27)

Prière

Seigneur Dieu, réconfort des affligés, tu accueillais avec amour les larmes de la bienheureuse Monique pour la conversion de son fils Augustin ; accorde-nous, à la prière de la mère et du fils, de savoir pleurer nos péchés et d'obtenir la grâce de ton pardon. Par Jésus… ***– Amen.***

Lecture

de la première lettre de saint Paul apôtre aux Thessaloniciens (2, 9-13)

« En travaillant nuit et jour, nous vous avons annoncé l'Évangile de Dieu »

Vous vous rappelez, frères, nos peines et nos fatigues : c'est en travaillant nuit et jour, pour n'être à la charge d'aucun d'entre vous, que nous vous avons annoncé l'Évangile de Dieu. Vous êtes témoins, et Dieu aussi, de notre attitude si sainte, si juste et irréprochable envers vous,

24 - 30

les croyants. Et vous savez bien que nous avons été pour chacun de vous comme un père avec ses enfants : nous vous avons exhortés et encouragés, nous vous avons suppliés d'avoir une conduite digne de Dieu, lui qui vous appelle à son Royaume et à sa gloire. Et voici pourquoi nous ne cessons de rendre grâce à Dieu : quand vous avez reçu la parole de Dieu que nous vous faisions entendre, vous l'avez accueillie pour ce qu'elle est réellement, non pas une parole d'hommes, mais la parole de Dieu qui est à l'œuvre en vous, les croyants.
– Parole du Seigneur.

Psaume 138 (139)

℟ ***Tu me scrutes, Seigneur, et tu sais !***

Où donc aller, l<u>o</u>in de ton souffle ?
Où m'enfuir, l<u>o</u>in de ta face ?
Je gravis les cie<u>u</u>x : tu es là ;
je descends chez les m<u>o</u>rts : te voici. ℟

Je prends les <u>a</u>iles de l'aurore
et me pose au-del<u>à</u> des mers :
même là, ta m<u>a</u>in me conduit,
ta main dr<u>o</u>ite me saisit. ℟

J'avais dit : « Les tén<u>è</u>bres m'écrasent ! »
mais la nuit devient lumi<u>è</u>re autour de moi.
Même la ténèbre pour t<u>o</u>i n'est pas ténèbre,
et la nuit comme le jo<u>u</u>r est lumière ! ℟

Acclamation de l'Évangile

Alléluia. Alléluia. En celui qui garde la parole du Christ l'amour de Dieu atteint vraiment sa perfection. ***Alléluia.***

Évangile de Jésus Christ

selon saint Matthieu (23, 27-32)

« Vous êtes bien les fils de ceux qui ont assassiné les prophètes »

En ce temps-là, Jésus disait : « Malheureux êtes-vous, scribes et pharisiens hypocrites, parce que vous ressemblez à des sépulcres blanchis à la chaux : à l'extérieur ils ont une belle apparence, mais l'intérieur est rempli d'ossements et de toutes sortes de choses impures. C'est ainsi que vous, à l'extérieur, pour les gens, vous avez l'apparence d'hommes justes, mais à l'intérieur vous êtes pleins d'hypocrisie et de mal.

« Malheureux êtes-vous, scribes et pharisiens hypocrites, parce que vous bâtissez les sépulcres des prophètes, vous décorez les tombeaux des justes, et vous dites : "Si nous avions vécu à l'époque de nos pères, nous n'aurions pas été leurs complices pour verser le sang des prophètes." Ainsi, vous témoignez contre vous-mêmes : vous êtes bien les fils de ceux qui ont assassiné les prophètes. Vous donc, mettez le comble à la mesure de vos pères ! »

Prière sur les offrandes

Nous te présentons, Seigneur, ce sacrifice en mémoire de sainte Monique, et nous te supplions humblement : qu'avec ton pardon, il nous apporte le salut. Par le Christ, notre Seigneur. — ***Amen.***

Antienne de la communion

Le royaume des Cieux est comparable à un négociant qui recherche des perles fines. Ayant trouvé une perle de grande valeur, il va vendre tout ce qu'il possède, et il achète la perle. (cf. Mt 13, 45-46)

Prière après la communion

Dieu tout-puissant, que l'action du sacrement divin nous apporte lumière et ferveur en cette fête de sainte Monique, pour que nous brûlions toujours du désir de la sainteté et fassions en abondance toute sorte de bien. Par le Christ, notre Seigneur. — ***Amen.***

INVITATION

Mère de saint Augustin, sainte Monique pria pendant des années pour la conversion de son fils. Comme elle, je prie pour que quelqu'un de mon entourage découvre l'amour de Dieu.

COMMENTAIRE

Le lien par Paul 1 Thessaloniciens 2, 9-13 ; Matthieu 23, 27-32

La vie de Paul peut nous aider à relier les deux lectures de ce jour. Pharisien convaincu dans sa jeunesse, il était persuadé d'être « du bon côté », serviteur zélé de la justice et de l'Alliance. Il persécuta les chrétiens jusqu'au jour où le Ressuscité lui fit prendre conscience que son ardeur faisait de lui un assassin. L'homme qui évoque son ministère à Thessalonique est bien ce même Paul, mais passé de la violence à l'humble service. ■

Jean-Marc Liautaud, Fondacio

JEUDI 28 AOÛT 2025

21[E] SEMAINE DU TEMPS ORDINAIRE COULEUR LITURGIQUE : BLANC

Saint Augustin d'Hippone

354-430. Converti à Milan en 387, évêque d'Hippone en 396, l'auteur des Confessions *et de* La Cité de Dieu *a exercé une influence majeure sur la théologie chrétienne.*

Antienne d'ouverture

Dans son Église, le Seigneur lui a donné la parole ; il l'a rempli de l'esprit de sagesse et d'intelligence, et l'a revêtu de gloire. (cf. Si 15, 5)

Prière

Renouvelle, Seigneur, dans ton Église, l'esprit dont tu as comblé le bienheureux évêque Augustin, pour que, remplis de ce même esprit, nous n'ayons soif que de toi, source de la vraie sagesse, et ne cherchions que toi, auteur de l'éternel amour. Par Jésus… — ***Amen.***

Lecture

de la première lettre de saint Paul apôtre aux Thessaloniciens (3, 7-13)

« Que le Seigneur vous donne, entre vous et à l'égard de tous, un amour de plus en plus intense et débordant »

Frères, nous sommes réconfortés grâce à vous au milieu de toutes nos difficultés et de notre détresse, à cause de votre foi. Et maintenant nous revivons, puisque vous autres, vous tenez bon dans le Seigneur. Comment pourrions-nous assez rendre grâce à Dieu à votre sujet, pour toute la joie que nous avons à cause de vous devant notre Dieu ? Nous le prions avec ardeur, jour et nuit, pour que nous puissions revoir votre visage

24 - 30

et compléter ce qui manque à votre foi. Que Dieu lui-même, notre Père, et que notre Seigneur Jésus nous tracent le chemin jusqu'à vous. Que le Seigneur vous donne, entre vous et à l'égard de tous les hommes, un amour de plus en plus intense et débordant, comme celui que nous avons pour vous. Et qu'ainsi il affermisse vos cœurs, les rendant irréprochables en sainteté devant Dieu notre Père, lors de la venue de notre Seigneur Jésus avec tous les saints. Amen.

– Parole du Seigneur.

Psaume 89 (90)

℟ ***Rassasie-nous de ton amour, Seigneur : nous serons dans la joie.***

Tu fais retourner l'homme à la poussière ;
tu as dit : « Retournez, fils d'Adam ! »
À tes yeux, mille ans sont comme hier,
c'est un jour qui s'en va,
une heure dans la nuit. ℟

Apprends-nous la vraie mesure de nos jours :
que nos cœurs pénètrent la sagesse.
Reviens, Seigneur, pourquoi tarder ?
Ravise-toi par égard pour tes serviteurs. ℟

Rassasie-nous de ton amour au matin,
que nous passions nos jours
dans la joie et les chants.
Que vienne sur nous la douceur
du Seigneur notre Dieu !
Consolide pour nous l'ouvrage
de nos mains. ℟

Acclamation de l'Évangile

Alléluia. Alléluia. Veillez, tenez-vous prêts : c'est à l'heure où vous n'y pensez pas que le Fils de l'homme viendra. ***Alléluia.***

Évangile de Jésus Christ

selon saint Matthieu (24, 42-51)

« Tenez-vous donc prêts »

En ce temps-là, Jésus disait à ses disciples : « Veillez, car vous ne savez pas quel jour votre Seigneur vient. Comprenez-le bien : si le maître de maison avait su à quelle heure de la nuit le voleur viendrait, il aurait veillé et n'aurait pas laissé percer le mur de sa maison. Tenez-vous donc prêts, vous aussi : c'est à l'heure où vous n'y penserez pas que le Fils de l'homme viendra. Que dire du serviteur fidèle et sensé à qui le maître a confié la charge des gens de sa maison, pour leur donner la nourriture en temps voulu ? Heureux ce serviteur que son maître, en arrivant, trouvera en train d'agir ainsi ! Amen, je vous le déclare : il l'établira sur tous ses biens. Mais si ce mauvais serviteur se dit en lui-même : "Mon maître tarde", et s'il se met à frapper ses compagnons, s'il mange et boit avec les ivrognes, alors quand le maître viendra, le jour où son serviteur ne s'y attend pas et à l'heure qu'il ne connaît pas, il l'écartera et lui fera partager le sort des hypocrites ; là, il y aura des pleurs et des grincements de dents. »

Prière sur les offrandes

En célébrant le mémorial de notre salut, nous implorons humblement ta bonté, Seigneur : que ce sacrement offert avec amour devienne pour nous le signe de l'unité et le lien de la charité. Par le Christ, notre Seigneur. — ***Amen.***

Antienne de la communion

Vous n'avez qu'un seul maître,
le Christ ; vous êtes tous frères,
dit le Seigneur.
(Mt 23, 10.8)

Prière après la communion

Que la participation à la table du Christ nous sanctifie, Seigneur, afin que, membres de son corps, nous devenions ce que nous avons reçu. Par le Christ, notre Seigneur. — ***Amen.***

INVITATION

Nous fêtons saint Augustin aujourd'hui. Je cherche quelques-uns de ses grands textes pour les lire, par exemple sur : www.assomption.org/vtr/les-plus-beaux-textes-de-st-augustin

COMMENTAIRE

Un amour qui s'étend 1 Thessaloniciens 3, 7-13

Paul propose aux chrétiens de Thessalonique une foi qui n'a rien d'un communautarisme. Bien sûr, il s'agit pour les baptisés d'apprendre à aimer les membres de leur communauté, qu'ils n'ont pas choisis. Mais l'amour « intense et débordant » auquel ils sont invités, fruit de l'action du Seigneur en eux, a vocation à s'étendre à tous les humains, quels que soit leur race, leur religion ou leur statut social. ■

Jean-Marc Liautaud, Fondacio

VENDREDI 29 AOÛT 2025

COULEUR LITURGIQUE : ROUGE

Martyre de saint Jean Baptiste

Le prophète Jean proposait une conversion radicale : idéal de justice, de partage, de rectitude morale. Il paya de sa vie ses remontrances aux puissants.

Antienne d'ouverture

Devant les rois, j'ai parlé de tes exigences et je n'ai pas été humilié. Je trouve mon plaisir en tes volontés, oui, vraiment, je les aime.

(cf. Ps 118, 46-47)

Prière

Tu as voulu, Seigneur Dieu, que le bienheureux Jean Baptiste soit le Précurseur de ton Fils dans sa naissance et dans sa mort ; il a donné sa vie pour la justice et la vérité : accorde-nous de savoir, comme lui, lutter avec courage pour confesser ta Parole. Par Jésus… ***— Amen.***

Lectures propres à la mémoire du martyre de saint Jean Baptiste.

24 - 30

Lecture

du livre du prophète Jérémie (1, 17-19)

« Tu leur diras tout ce que je t'ordonnerai : ne tremble pas devant eux »

En ces jours-là, la parole du Seigneur me fut adressée : « Toi, mets ta ceinture autour des reins et lève-toi, tu diras contre mon peuple tout ce que je t'ordonnerai. Ne tremble pas devant eux, sinon c'est moi qui te ferai trembler devant eux. Moi, je fais de toi aujourd'hui une ville fortifiée, une colonne de fer, un rempart de bronze, pour faire face à tout le pays, aux rois

de Juda et à ses princes, à ses prêtres et à tout le peuple du pays. Ils te combattront, mais ils ne pourront rien contre toi, car je suis avec toi pour te délivrer, – oracle du Seigneur. »
– Parole du Seigneur.

Psaume 70 (71)

℟ ***Seigneur, ma bouche annonce ta justice.***

En toi, Seigneur, j'ai mon refuge :
garde-moi d'être humilié pour toujours.
Dans ta justice, défends-moi,
libère-moi,
tends l'oreille vers moi, et sauve-moi. ℟

Sois le rocher qui m'accueille,
toujours accessible ;
tu as résolu de me sauver :
ma forteresse et mon roc, c'est toi ! ℟

Seigneur mon Dieu, tu es mon espérance,
mon appui dès ma jeunesse.
Toi, mon soutien dès avant ma naissance,
tu m'as choisi dès le ventre de ma mère. ℟

Ma bouche annonce tout le jour
tes actes de justice et de salut.
Mon Dieu, tu m'as instruit dès ma jeunesse,
jusqu'à présent,
j'ai proclamé tes merveilles. ℟

Acclamation de l'Évangile

Alléluia. Alléluia. Heureux ceux qui sont persécutés pour la justice, car le royaume des Cieux est à eux ! ***Alléluia.***

Évangile de Jésus Christ

selon saint Marc (6, 17-29)

« Je veux que, tout de suite, tu me donnes sur un plat la tête de Jean le Baptiste »

En ce temps-là, Hérode avait donné l'ordre d'arrêter Jean le Baptiste et de l'enchaîner dans la prison, à cause d'Hérodiade, la femme de son frère Philippe, que lui-même avait prise pour épouse. En effet, Jean lui disait : « Tu n'as pas le droit de prendre la femme de ton frère. » Hérodiade en voulait donc à Jean, et elle cherchait à le faire mourir. Mais elle n'y arrivait pas parce que Hérode avait peur de Jean : il savait que c'était un homme juste et saint, et il le protégeait ; quand il l'avait entendu, il était très embarrassé ; cependant il l'écoutait avec plaisir.

Or, une occasion favorable se présenta quand, le jour de son anniversaire, Hérode fit un dîner pour ses dignitaires, pour les chefs de l'armée et pour les notables de la Galilée. La fille d'Hérodiade fit son entrée et dansa. Elle plut à Hérode et à ses convives. Le roi dit à la jeune fille : « Demande-moi ce que tu veux, et je te le donnerai. » Et il lui fit ce serment : « Tout ce que tu me demanderas, je te le donnerai, même si c'est la moitié de mon royaume. » Elle sortit alors pour dire à sa mère : « Qu'est-ce que je vais demander ? » Hérodiade répondit : « La tête de Jean, celui qui baptise. » Aussitôt la jeune fille s'empressa de retourner auprès du roi, et lui fit cette demande : « Je veux que, tout de suite, tu me donnes sur un plat la tête de Jean le Baptiste. » Le roi fut vivement contrarié ; mais à cause du serment et des convives, il ne voulut pas lui opposer un refus. Aussitôt il envoya un garde avec l'ordre d'apporter la tête de Jean. Le garde s'en alla décapiter

Jean dans la prison. Il apporta la tête sur un plat, la donna à la jeune fille, et la jeune fille la donna à sa mère. Ayant appris cela, les disciples de Jean vinrent prendre son corps et le déposèrent dans un tombeau.

Prière sur les offrandes

Par l'offrande que nous te présentons, Seigneur, accorde-nous de marcher sur tes chemins dans la droiture, celle que le bienheureux Jean Baptiste, voix de celui qui crie dans le désert, enseigna et confirma par le témoignage de son sang. Par le Christ, notre Seigneur. — ***Amen.***

Prière eucharistique *(Préface de saint Jean Baptiste)*

Vraiment, il est juste et bon, pour ta gloire et notre salut, de t'offrir notre action de grâce, toujours et en tout lieu, Seigneur, Père très saint, Dieu éternel et tout-puissant, par le Christ, notre Seigneur. Nous chantons les merveilles que tu as accomplies pour Jean, le Précurseur de ton Fils; parmi ceux qui sont nés d'une femme, tu l'as consacré, lui faisant l'honneur d'une mission sans égale. Avant même de naître, il tressaillit d'allégresse à l'approche du Sauveur; en venant au monde il apportait une grande joie; il fut, de tous les prophètes, celui qui désigna l'Agneau de la rédemption; dans les eaux qui devaient en être sanctifiées il baptisa l'auteur du baptême; et il rendit au Christ le témoignage suprême, celui de son propre sang. C'est pourquoi, avec les puissances des cieux, nous pouvons te bénir sur la terre et t'adorer sans fin en proclamant : ***Saint ! Saint ! Saint…***

Antienne de la communion

Jean Baptiste disait à ses disciples :
« Lui, il faut qu'il grandisse ;
et moi, que je diminue. »
(Jn 3, 27.30)

Prière après la communion

Nous avons célébré le jour où le bienheureux Jean Baptiste est né au ciel, et nous avons reçu les sacrements du salut : accorde-nous, Seigneur, de contempler en eux les merveilles dont ils sont le signe, et, plus encore, de goûter leur action en nous. Par le Christ, notre Seigneur. ***— Amen.***

INVITATION

Aujourd'hui, les professeurs font leur prérentrée. Je prie pour tous les enseignants qui accompagnent les enfants sur le chemin de la connaissance.

COMMENTAIRE

Au-delà des limites

Marc 6, 17-29

Jean est emprisonné pour avoir dit aux puissants qu'ils ne sont pas au-dessus de la morale, mais Hérode, qui le craint, ne souhaite pas aller plus loin. C'est sa libéralité mal placée et son souci de préserver sa réputation qui vont l'entraîner au-delà de la limite qu'il s'était fixée. Les manipulateurs, qui savent attendre leur heure, finissent généralement par obtenir ce qu'ils veulent des esprits divisés. ■

Jean-Marc Liautaud, Fondacio

SAMEDI 30 AOÛT 2025

21E SEMAINE DU TEMPS ORDINAIRE COULEUR LITURGIQUE : VERT

Temps ordinaire, *suggestion d'oraisons et d'antiennes n° 8*
ou **bienheureuse Vierge Marie,** *voir p. 23*

Antienne d'ouverture

Le Seigneur s'est fait mon protecteur,
il m'a dégagé, mis au large, il m'a libéré,
car il m'aime. (cf. Ps 17, 19-20)

Prière

Nous t'en prions, Seigneur, accorde-nous de vivre dans un monde où les événements se déroulent selon ton dessein de paix, et où ton Église connaisse la joie de te servir dans la sérénité. Par Jésus… – ***Amen.***

Lecture

de la première lettre de saint Paul apôtre aux Thessaloniciens (4, 9-11)

« Vous avez appris vous-mêmes de Dieu à vous aimer les uns les autres »

Frères, pour ce qui est de l'amour fraternel, vous n'avez pas besoin que je vous en parle dans ma lettre, car vous avez appris vous-mêmes de Dieu à vous aimer les uns les autres, et c'est ce que vous faites envers tous les frères de la province de Macédoine. Frères, nous vous encourageons à progresser encore : ayez à cœur de vivre calmement, de vous occuper chacun de vos propres affaires et de travailler de vos mains comme nous vous l'avons ordonné.
– Parole du Seigneur.

Psaume 97 (98)

℟ *Il vient, le Seigneur, gouverner les peuples avec droiture.*

Chantez au Seigneur un chant nouveau,
car il a fait des merveilles ;
par son bras très saint,
par sa main puissante,
il s'est assuré la victoire. ℟

Que résonnent la mer et sa richesse,
le monde et tous ses habitants ;
que les fleuves battent des mains,
que les montagnes chantent leur joie. ℟

Acclamez le Seigneur, car il vient
pour gouverner la terre,
pour gouverner le monde avec justice
et les peuples avec droiture ! ℟

Acclamation de l'Évangile

Alléluia. Alléluia. Je vous donne un commandement nouveau, dit le Seigneur : « Aimez-vous les uns les autres, comme je vous ai aimés. » ***Alléluia.***

Évangile de Jésus Christ

selon saint Matthieu (25, 14-30)

« Tu as été fidèle pour peu de choses, entre dans la joie de ton seigneur »

En ce temps-là, Jésus disait à ses disciples cette parabole : « Un homme qui partait en voyage appela ses serviteurs et leur confia ses biens. À l'un il remit une somme de cinq talents, à un autre deux talents, au troisième un seul talent, à chacun selon ses capacités. Puis il partit. Aussitôt, celui qui avait reçu les cinq talents s'en alla pour les faire valoir et en gagna cinq autres. De même, celui qui avait reçu deux talents en gagna deux autres. Mais celui qui n'en avait reçu qu'un alla creuser la terre et cacha l'argent de son maître. Longtemps après, le maître de ces serviteurs revint et il leur demanda des comptes*. Celui qui avait reçu cinq talents s'approcha, présenta cinq autres talents et dit : "Seigneur, tu m'as confié cinq talents ; voilà, j'en ai gagné cinq autres." Son maître lui déclara : "Très bien, serviteur bon et fidèle, tu as été fidèle pour peu de choses, je t'en confierai beaucoup ; entre dans la joie de ton seigneur." Celui qui avait reçu deux talents s'approcha aussi et dit : "Seigneur, tu m'as confié deux talents ; voilà, j'en ai gagné deux autres." Son maître lui déclara : "Très bien, serviteur bon et fidèle, tu as été fidèle pour peu de choses, je t'en confierai beaucoup ; entre dans la joie de ton seigneur." Celui qui avait reçu un seul talent s'approcha aussi et dit : "Seigneur, je savais que tu es un homme dur : tu moissonnes là où tu n'as pas semé, tu ramasses là où tu n'as pas répandu le grain. J'ai eu peur, et je suis allé cacher ton talent dans la terre. Le voici. Tu as ce qui t'appartient." Son maître lui répliqua : "Serviteur mauvais et paresseux, tu savais que je moissonne là où je n'ai pas semé, que je ramasse le grain là où je ne l'ai pas répandu. Alors, il fallait placer mon argent à la banque ; et, à mon retour, je l'aurais retrouvé avec les intérêts. Enlevez-lui donc son talent et donnez-le à celui qui en a dix. À celui qui a, on donnera encore, et il sera dans l'abondance ; mais celui qui n'a rien se verra enlever même ce qu'il a. Quant à ce serviteur bon à rien, jetez-le dans les ténèbres extérieures ; là, il y aura des pleurs et des grincements de dents !" »

Prière sur les offrandes

Seigneur Dieu, ce qui est offert en l'honneur de ton nom, c'est toi qui le donnes, et tu reconnais dans ces offrandes notre attachement à ton service ; nous implorons ta bonté : que ta largesse, d'où vient notre mérite, contribue à notre récompense éternelle. Par le Christ, notre Seigneur. — ***Amen.***

Antienne de la communion

Je chanterai le Seigneur pour le bien
qu'il m'a fait ; je fêterai le nom
du Seigneur, le Très-Haut.
(cf. Ps 12, 6 ; 9a, 3)

OU

Je suis avec vous tous les jours jusqu'à
la fin du monde, dit le Seigneur.
(Mt 28, 20)

Prière après la communion

Tu nous as rassasiés, Seigneur, par ce don qui nous sauve, et nous implorons ta miséricorde : par ce même sacrement qui nous fortifie en cette vie, rends-nous, dans ta bonté, participants de la vie éternelle. Par le Christ, notre Seigneur. — ***Amen.***

INVITATION

Pour bien démarrer le mois de septembre, je regarde dans mes affaires ce qui m'encombre. Je pourrais en faire don à des associations pour qu'elles soient recyclées ou réutilisées.

COMMENTAIRE

Le don qui enrichit Matthieu 25, 14-30

Le troisième serviteur s'est trompé sur la personnalité de son maître, comme sur la nature de l'argent qu'il a reçu. Il ne s'agissait pas d'un dépôt mais d'un don. La preuve : cet argent qui lui brûle les mains ne revient pas au maître mais au premier, déjà riche de dix talents. Le maître, à la fin de l'histoire, a toujours les mains vides : seuls les serviteurs qui ont cru à la générosité de son don se sont enrichis. ■

Jean-Marc Liautaud, Fondacio

❊ CLÉ DE LECTURE

« Demanda des comptes » Matthieu 25, 19 *(p. 216)*

L'expression grecque évoque littéralement une réunion pour « prendre ensemble la parole » *(logos)*. Cela nous alerte sur l'erreur du jugement que nous portons sur le dernier serviteur et sur le maître. Car le serviteur s'est construit une fausse idée du maître (Dieu). Celui-ci n'exigeait pas un gain en retour des biens confiés, il avait « livré » (on pourrait traduire « transmis ») une part de son bien à ses serviteurs. Et il se réjouit de voir ce bien fructifier à leur profit ; il leur a fait confiance et ils ont fait grandir les dons. Le dernier serviteur vit dans la peur d'une rétribution, dans le régime de l'exigence et du châtiment, et il fait du maître un tyran qui punit. Quand celui-ci ne cherche qu'à donner pour que chacun grandisse librement ! ■

Roselyne Dupont-Roc, bibliste

DIMANCHE 31 AOÛT 2025

22e DIMANCHE DU TEMPS ORDINAIRE

ANNÉE C – COULEUR LITURGIQUE : VERT

« Quand tu donnes une réception, invite des pauvres, des estropiés, des boiteux, des aveugles. » Luc 14, 13

« Qui s'abaisse sera élevé ! » Cette parole de Jésus remet en cause nos soifs de grandeur, de pouvoir. La logique du royaume des Cieux est tout autre. Le Christ nous enseigne un chemin d'humilité. Car aimer, c'est se donner, dans la simplicité et sans chercher à briller. Jésus lui-même nous a donné l'exemple. Avec notre Dieu fait homme, mettons-nous humblement en tenue de service.

RITES INITIAUX

Chant d'entrée *(Suggestions p. 265)*

OU

Antienne d'ouverture

Prends pitié de moi, Seigneur, car j'ai crié vers toi tout le jour,
toi qui es bon et qui pardonnes, plein de miséricorde
pour tous ceux qui t'appellent. (cf. Ps 85, 3.5)

Suggestion de préparation pénitentielle *(ou p. 236)*

Le Seigneur nous appelle à bannir l'orgueil de nos vies et à marcher sur un chemin d'humilité. D'une seule foi, tournons-nous vers lui et reconnaissons que nous sommes pécheurs.

Seigneur Jésus, toi qui t'es penché sur l'humanité blessée, tu viens nous libérer du péché qui nous rend captifs. Kyrie, eleison.

— Kyrie, eleison.

Ô Christ, toi qui vois nos soifs de grandeur et de pouvoir, tu as marché sur un chemin d'humilité et de service. Christe, eleison.

— Christe, eleison.

Seigneur, toi le médiateur de la Nouvelle Alliance, tu nous entraînes avec toi dans la gloire. Kyrie, eleison.

— Kyrie, eleison.

Que Dieu tout-puissant nous fasse miséricorde ; qu'il nous pardonne nos péchés et nous conduise à la vie éternelle. ***— Amen.***

Gloire à Dieu (p. 238)

Prière
Dieu de l'univers, de qui vient tout don parfait, enracine en nos cœurs l'amour de ton nom ; augmente notre foi pour développer ce qui est bon en nous ; veille sur nous avec sollicitude, pour protéger ce que tu as fait grandir. Par Jésus… — ***Amen.***

LITURGIE DE LA PAROLE

Lecture du livre de Ben Sira le Sage (3, 17-18.20.28-29)

« Il faut t'abaisser : tu trouveras grâce devant le Seigneur »

Mon fils, accomplis toute chose dans l'humilité, et tu seras aimé plus qu'un bienfaiteur. Plus tu es grand, plus il faut t'abaisser : tu trouveras grâce devant le Seigneur. Grande est la puissance du Seigneur, et les humbles lui rendent gloire. La condition de l'orgueilleux est sans remède, car la racine du mal est en lui. Qui est sensé médite les maximes de la sagesse ; l'idéal du sage, c'est une oreille qui écoute.
– Parole du Seigneur.

Psaume 67 (68)

℟ *Béni soit le Seigneur : il élève les humbles.*

T. : AELF ; M. : B. Delattre ; Éd. : ADF.

Les justes sont en fête, ils exultent ;
devant la face de Dieu ils dansent de joie.
Chantez pour Dieu, jouez pour son nom.
Son nom est Le Seigneur ; dansez devant sa face. ℟

Père des orphelins, défenseur des veuves,
tel est Dieu dans sa sainte demeure.
À l'isolé, Dieu accorde une maison ;
aux captifs, il rend la liberté. ℟

Tu répandais sur ton héritage une pluie généreuse,
et quand il défaillait, toi, tu le soutenais.
Sur les lieux où campait ton troupeau,
tu le soutenais, Dieu qui es bon pour le pauvre. ℟

Écoutez ce psaume sur **www.prionseneglise.fr/messe-du-dimanche**

Lecture de la lettre aux Hébreux (12, 18-19.22-24a)

« Vous êtes venus vers la montagne de Sion et vers la ville du Dieu vivant »

Frères, quand vous êtes venus vers Dieu, vous n'êtes pas venus vers une réalité palpable, embrasée par le feu, comme la montagne du Sinaï : pas d'obscurité, de ténèbres ni d'ouragan, pas de son de trompettes ni de paroles prononcées par cette voix que les fils d'Israël demandèrent à ne plus entendre.

Mais vous êtes venus vers la montagne de Sion et vers la ville du Dieu vivant, la Jérusalem céleste, vers des myriades d'anges en fête et vers l'assemblée des premiers-nés dont les noms sont inscrits dans les cieux. Vous êtes venus vers Dieu, le juge de tous, et vers les esprits des justes amenés à la perfection. Vous êtes venus vers Jésus, le médiateur d'une alliance nouvelle.

– Parole du Seigneur.

Acclamation de l'Évangile

Alléluia. Alléluia. Prenez sur vous mon joug, dit le Seigneur, devenez mes disciples, car je suis doux et humble de cœur. ***Alléluia.***

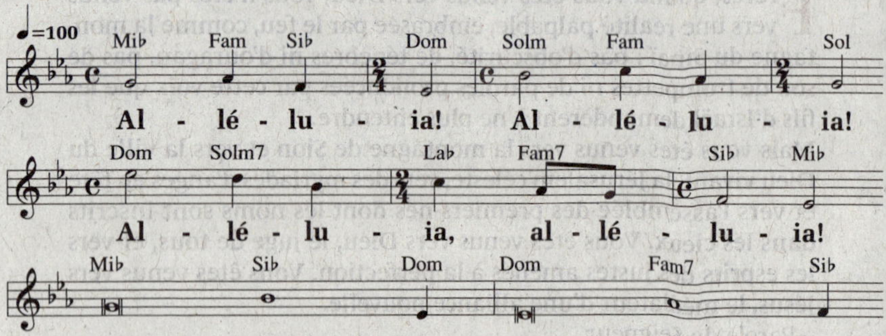

U 76-99; T. : AELF; M. : P. Robert; ADF-Musique.

Évangile de Jésus Christ selon saint Luc (14, 1.7-14)

« Quiconque s'élève sera abaissé; qui s'abaisse sera élevé »

Un jour de sabbat, Jésus était entré dans la maison d'un chef des pharisiens pour y prendre son repas, et ces derniers l'observaient. Jésus dit une parabole aux invités lorsqu'il remarqua comment ils choisissaient les premières places, et il leur dit : « Quand quelqu'un t'invite à des noces, ne va pas t'installer à la première

place, de peur qu'il ait invité un autre plus considéré que toi. Alors, celui qui vous a invités, toi et lui, viendra te dire : "Cède-lui ta place" ; et, à ce moment, tu iras, plein de honte, prendre la dernière place. Au contraire, quand tu es invité, va te mettre à la dernière place. Alors, quand viendra celui qui t'a invité, il te dira : "Mon ami, avance plus haut", et ce sera pour toi un honneur aux yeux de tous ceux qui seront à la table avec toi. En effet, quiconque s'élève sera abaissé ; et qui s'abaisse sera élevé. »
Jésus disait aussi à celui qui l'avait invité : « Quand tu donnes un déjeuner ou un dîner, n'invite pas tes amis, ni tes frères, ni tes parents, ni de riches voisins ; sinon, eux aussi te rendraient l'invitation et ce serait pour toi un don en retour. Au contraire, quand tu donnes une réception, invite des pauvres, des estropiés, des boiteux, des aveugles ; heureux seras-tu, parce qu'ils n'ont rien à te donner en retour : cela te sera rendu à la résurrection des justes. »

Homélie

Profession de foi *(p. 239)*

Suggestion de prière universelle

Le prêtre :

Dieu est bon pour le pauvre et le soutient, nous dit le psalmiste. Avec humilité, tournons-nous vers notre Père. Prions-le pour l'Église et pour le monde.

℟ ***Pleins de confiance, nous te prions, Seigneur.***

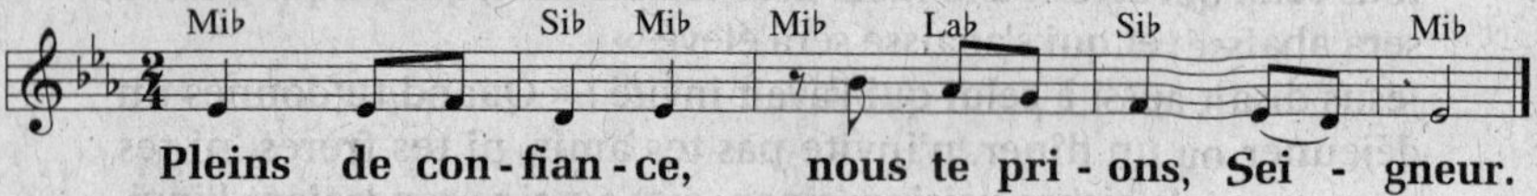

Z129-20

Le diacre ou un lecteur :

En ce dimanche, le Christ nous invite à marcher à sa suite, sur un chemin d'humilité et d'abaissement. Pour tous les baptisés qui prennent soin discrètement de leurs frères, dans la prière et le service, prions le Seigneur. ℟

Pour Ben Sira le Sage, l'idéal du sage, c'est une oreille qui écoute. Pour nos responsables politiques appelés à agir avec sagesse et à l'écoute de toutes les réalités de leurs citoyens, prions le Seigneur. ℟

En ce jour, le Christ nous appelle à être généreux, à ouvrir nos tables aux pauvres, aux estropiés, aux boiteux. Pour les personnes en grande précarité et pour les associations qui les accompagnent, prions le Seigneur. ℟

La fin du mois d'août signifie pour nos enfants et nos jeunes la reprise du chemin de l'école, du collège, du lycée, de l'enseignement supérieur. Pour nos jeunes, pour tout le personnel éducatif, pour les bénévoles engagés dans les aumôneries, prions le Seigneur. ℟

(Ces intentions seront adaptées ou modifiées selon les circonstances. On peut aussi s'inspirer de l'intention universelle du Saint-Père, p. 6.)

Le prêtre :

Dieu notre Père, toi qui élèves les humbles, daigne exaucer nos prières. Par le Christ, notre Seigneur. — ***Amen.***

LITURGIE EUCHARISTIQUE

Prière sur les offrandes

Que cette offrande sainte nous apporte à jamais, Seigneur, la bénédiction du salut, afin qu'elle donne toute sa force à ce qu'elle accomplit dans le sacrement. Par le Christ, notre Seigneur. — ***Amen.***

Prière eucharistique *(Préface des dimanches, p. 243)*

Chant de communion *(Suggestions p. 265)*

OU

Antienne de la communion
Qu'ils sont grands, tes bienfaits, Seigneur !
Tu les réserves à ceux qui te craignent.
(Ps 30, 20)
OU
Heureux les artisans de paix, car ils seront appelés fils de Dieu.
Heureux ceux qui sont persécutés pour la justice,
car le royaume des Cieux est à eux.
(Mt 5, 9-10)

Prière après la communion
Rassasiés par le pain reçu à la table du ciel, nous te prions, Seigneur : que cette nourriture fortifie en nos cœurs la charité, et nous stimule à te servir dans nos frères. Par le Christ, notre Seigneur. ***— Amen.***

RITE DE CONCLUSION

Bénédiction

Envoi

COMMENTAIRE DU DIMANCHE

Jean-Paul Sagadou, prêtre assomptionniste,
rédacteur en chef de *Prions en Église* Afrique

Imiter Dieu dans son abaissement

Une phrase, attribuée à Pythagore, pourrait bien être mise en lien avec les textes liturgiques qui invitent à l'humilité : « Un homme n'est jamais si grand que lorsqu'il est à genoux pour aider un enfant. » Les mots de Ben Sira le Sage – « Accomplis toute chose dans l'humilité [...] Plus tu es grand, plus il faut t'abaisser » – résonnent, comme en écho, à la parole que Jésus adresse à ses disciples : « Quiconque s'élève sera abaissé ; et qui s'abaisse sera élevé. » C'est une belle et exigeante leçon pour tous : pour ceux qui ne veulent pas se contenter de leur place et pour ceux qui, de leur place, regardent les autres de haut. Or, « le seul moment où il est permis de regarder une personne de haut, c'est pour l'aider à se relever », disait le pape François dans son discours aux Journées mondiales de la jeunesse de Lisbonne, •••

••• en 2023. En tout cas, les recommandations de la parole de Dieu sur l'humilité court-circuitent nos élans et notre quête des honneurs et des préséances. Et c'est pour notre bien. L'appel ultime est le suivant : imiter Dieu dans son abaissement. Le Christ s'est abaissé et Dieu l'a souverainement élevé. Retenons qu'en venant dans notre monde, Jésus ne se présente pas comme une idole à adorer, pieusement. Il s'est mêlé à notre histoire d'hommes, à nos souffrances. Ce qu'il demande à chacun : être attentif aux autres, les regarder avec reconnaissance et admiration. L'humilité est difficile à vivre. Elle ne peut s'apprendre qu'à l'école d'un autre : Jésus Christ.

~

Quelle différence fais-je entre humilité et modestie ?

Quels moyens puis-je prendre pour vivre la vertu de l'humilité au quotidien ?

La sagesse africaine dit : « On connaît l'humilité d'un homme dans son élévation, et sa patience dans l'adversité. » Comment est-ce que je comprends ce proverbe ? ■

LIRE L'ÉVANGILE AVEC LES ENFANTS

CE QUE JE DÉCOUVRE

Chez le pharisien, plusieurs invités se bousculent pour avoir les premières places... **Jésus en profite pour raconter une parabole.** Lors d'un repas de fête, certains cherchent les meilleures places. À travers cette histoire, Jésus nous montre que **dans le cœur de Dieu, nous avons, chacun, une place spéciale et unique.**

CE QUE JE VIS

Dans la classe ou à l'église, te mets-tu plutôt au premier rang, au milieu ou tout au fond ? Pourquoi ? Quand tu offres quelque chose, qu'attends-tu en retour ? **En silence, repense aux moments où tu t'es senti à ta place.**

Texte : Bénédicte de Breuil. Illustrations : Marcelino Truong

MÉDITATION BIBLIQUE

22E DIMANCHE DU TEMPS ORDINAIRE

Livre de Ben Sira le Sage 3, 17-18.20.28-29

Une oreille qui écoute

Le livre de Ben Sira le Sage (ou du Siracide) appartient à la littérature de sagesse qui aborde tant les grandes questions existentielles que les pratiques du quotidien. Elle intègre la réflexion des peuples environnants, quand celle-ci s'avère compatible avec la foi d'Israël.

Le temps de la préparation

« Donne à ton serviteur un cœur attentif pour [...] qu'il sache discerner. » (1 R 3, 9)

Le temps de l'observation

Ben Sira exhorte son disciple à privilégier deux attitudes intérieures : l'humilité et l'écoute. Il oppose l'humilité à l'orgueil, qui prétend se passer de Dieu. L'humble, lui, sait se situer dans sa vérité d'être créé à l'image de Dieu. Il a conscience de ses potentialités et de ses faiblesses. Il sait que Dieu le précède et le guide dans son chemin d'accomplissement, qu'il l'aide à se relever de ses chutes. Il applique ce conseil : « Attache-toi au Seigneur, ne l'abandonne pas [...] Mets ta confiance en lui, et il te viendra en aide ; rends tes chemins droits, et mets en lui ton espérance » (Si 2, 3.6). Toutes choses qui se nourrissent de l'écoute et de la méditation de l'Écriture, que Ben Sira identifie à la Sagesse. « L'idéal du sage, c'est une oreille qui écoute » : le sage est celui qui se laisse travailler et habiter par la Sagesse à l'œuvre dans le cœur des humains et dans l'univers.

Le temps de la méditation

Le rapport entre l'écoute et l'humilité mérite d'être approfondi. L'écoute n'est-elle pas tout à la fois manifestation et vecteur de l'humilité ? Manifestation, dans la mesure où celui qui écoute est en quête d'une vérité ou d'un sens qu'il ne possède pas en lui-même. En outre, se mettre à l'écoute, n'est-ce pas se vider, au moins partiellement, de soi-même, de ses préoccupations, de ses projets pour faire place à la Parole du Tout-Autre qu'il s'agit d'accueillir, de méditer, d'intégrer à sa vie ? L'écoute de la Parole, quant à elle, conduit à l'humilité. N'est-ce pas la Parole en effet qui nous révèle à nous-mêmes comme elle nous révèle Dieu, qui nous aide à sortir de l'autosuffisance, à nous inscrire dans l'histoire humaine et le cosmos, comme partie unique d'un tout et membre actif d'une aventure qui nous dépasse ? Alors que l'orgueil nous entraîne sur un chemin trompeur, nous disent les Pères du désert, l'humilité nous garde des tentations et nous permet un juste discernement.

Le temps de la prière

Seigneur, « montre-moi le chemin que je dois prendre ». (Ps 142, 8) ■

Emmanuelle Billoteau,
ermite

LA VIE EN PHOTO

RENTRÉE SCOLAIRE ET APPRENTISSAGE

Le geste, l'outil et le maître

Le geste est prêt, appris, su, suspendu, accroché à l'attention,
à l'intention, presque immobile sur le fil des mobiles qu'il poursuit.
L'outil est là aussi : ancestral, fiable, transmis de hautes générations,
éprouvé, validé, étalonné et à juste place de l'écran et de ses calculs savants.
Le maître est là, enfin, l'homme qui a transmis le geste à celui qui s'apprête
à tailler l'ardoise : il est dans sa tête, dans son cœur, jusque dans ses doigts.
Le geste, l'outil, le maître. Combien de siècles pour forger un « œuvrier » ?
Apprentissage… Combien de millénaires pour former un être humain,
un « œuvrier » de la vie ? Apprentissage… Transmission, chaîne humaine,
de traditions en renouveaux, apprentissage et tissage d'âmes…
C'est la rentrée, l'heure pour chacun d'entrer en conscience de cette année
qui commence. Vivre est un art. Nos existences, une œuvre.
L'ardoise est prête, le quotidien déjà offert. Avec quel geste, quel outil
en ferons-nous œuvre d'art ? Le Maître, lui, le Maître
est partout pour qui sait le reconnaître. ■

Thierry Lemoine, *poète*

« Que vienne sur nous la douceur du Seigneur notre Dieu !
Consolide pour nous l'ouvrage de nos mains;
oui, consolide l'ouvrage de nos mains. » Psaume 89, 17

Salon de l'apprentissage et de l'orientation à Poitiers (86), le 9 mars 2024. Un jeune couvreur taille une ardoise avant de la positionner sur une toiture en modèle réduit.

Liturgie de la messe

RITES INITIAUX

Le chant d'entrée achevé, le prêtre et les fidèles, debout, font le signe de la croix, tandis que le prêtre, tourné vers le peuple, dit :

Au nom du Père, et du Fils, et du Saint-Esprit.

Le peuple répond :

– Amen.

Salutation

La grâce de Jésus, le Christ, notre Seigneur, l'amour de Dieu le Père, et la communion de l'Esprit Saint soient toujours avec vous.

– Et avec votre esprit.

Ou bien : Que la grâce et la paix de Dieu notre Père et du Seigneur Jésus, le Christ, soient toujours avec vous.

– Et avec votre esprit.

Ou bien : Le Seigneur soit avec vous.

– Et avec votre esprit.

Acte pénitentiel

Frères et sœurs, préparons-nous à célébrer le mystère de l'eucharistie, en reconnaissant que nous avons péché.

(1) Je confesse à Dieu tout-puissant, je reconnais devant vous, frères et sœurs, que j'ai péché en pensée, en parole, par action et par omission ; oui, j'ai vraiment péché. C'est pourquoi je supplie la bienheureuse Vierge Marie, les anges et tous les saints, et vous aussi, frères et sœurs, de prier pour moi le Seigneur notre Dieu.

(2) Prends pitié de nous, Seigneur. ***— Nous avons péché contre toi.***
Montre-nous, Seigneur, ta miséricorde. ***— Et donne-nous ton salut.***

(3) Seigneur Jésus, envoyé pour guérir les cœurs qui reviennent vers toi :
Seigneur, prends pitié. ***— Seigneur, prends pitié.***
Ô Christ, venu appeler les pécheurs : ô Christ, prends pitié.
— Ô Christ, prends pitié.
Seigneur, qui sièges à la droite du Père où tu intercèdes pour nous :
Seigneur, prends pitié. ***— Seigneur, prends pitié.***

Que Dieu tout-puissant nous fasse miséricorde ; qu'il nous pardonne nos péchés et nous conduise à la vie éternelle. ***— Amen.***

Ensuite, on chante ou on dit le Kyrie eleison (Seigneur, prends pitié), à moins qu'il n'ait été déjà employé dans une formule de l'acte pénitentiel (c'est le cas de la précédente).

Kyrie, eleison. ***— Kyrie, eleison.***
Christe, eleison. ***— Christe, eleison.***
Kyrie, eleison. ***— Kyrie, eleison.***
ou bien : Seigneur, prends pitié. ***— Seigneur, prends pitié.***
Ô Christ, prends pitié. ***— Ô Christ, prends pitié.***
Seigneur, prends pitié. ***— Seigneur, prends pitié.***

Gloire à Dieu

Gloire à Dieu, au plus haut des cieux, et paix sur la terre aux hommes, qu'il aime. Nous te louons, nous te bénissons, nous t'adorons, nous te glorifions, nous te rendons grâce, pour ton immense gloire, Seigneur Dieu, Roi du ciel, Dieu le Père tout-puissant.
Seigneur, Fils unique, Jésus Christ, Seigneur Dieu, Agneau de Dieu, le Fils du Père ;
toi qui enlèves les péchés du monde, prends pitié de nous ;
toi qui enlèves les péchés du monde, reçois notre prière ;
toi qui es assis à la droite du Père, prends pitié de nous.
Car toi seul es Saint, toi seul es Seigneur, toi seul es le Très-Haut :
Jésus Christ, avec le Saint-Esprit dans la gloire de Dieu le Père. Amen.

Gloria in excelsis Deo et in terra pax hominibus bonæ voluntatis. Laudamus te, benedicimus te, adoramus te, glorificamus te, gratias agimus tibi propter magnam gloriam tuam, Domine Deus, Rex cælestis, Deus Pater omnipotens. Domine Fili unigenite, Iesu Christe, Domine Deus, Agnus Dei, Filius Patris, qui tollis peccata mundi, miserere nobis ; qui tollis peccata mundi, suscipe deprecationem nostram. Qui sedes ad dexteram Patris, miserere nobis.
Quoniam tu solus Sanctus, tu solus Dominus, tu solus Altissimus,
Iesu Christe, cum Sancto Spiritu : in gloria Dei Patris. Amen.

Prière d'ouverture

Voir à la date du jour.

LITURGIE DE LA PAROLE

Voir à la date du jour.

Profession de foi

Symbole de Nicée-Constantinople

Je crois en un seul Dieu, le Père tout-puissant,
créateur du ciel et de la terre, de l'univers visible et invisible.
Je crois en un seul Seigneur, Jésus Christ, le Fils unique de Dieu,
né du Père avant tous les siècles : il est Dieu, né de Dieu,
lumière née de la lumière, vrai Dieu, né du vrai Dieu,
engendré, non pas créé, consubstantiel au Père, et par lui tout a été fait.
Pour nous les hommes, et pour notre salut, il descendit du ciel ;
par l'Esprit Saint, il a pris chair de la Vierge Marie, et s'est fait homme.
Crucifié pour nous sous Ponce Pilate,
il souffrit sa passion et fut mis au tombeau.
Il ressuscita le troisième jour, conformément aux Écritures,
et il monta au ciel ; il est assis à la droite du Père.
Il reviendra dans la gloire, pour juger les vivants et les morts ;
et son règne n'aura pas de fin.
Je crois en l'Esprit Saint, qui est Seigneur et qui donne la vie ;
il procède du Père et du Fils ; avec le Père et le Fils,
il reçoit même adoration et même gloire ; il a parlé par les prophètes.
Je crois en l'Église, une, sainte, catholique et apostolique.
Je reconnais un seul baptême pour le pardon des péchés.
J'attends la résurrection des morts, et la vie du monde à venir. Amen.

Credo in unum Deum, Patrem omnipotentem,
Factorem cæli et terræ, visibilium omnium et invisibilium.
Et in unum Dominum Iesum Christum, Filium Dei unigenitum,
et ex Patre natum ante omnia sæcula.
Deum de Deo, lumen de lumine, Deum verum de Deo vero, genitum,
non factum, consubstantialem Patri : per quem omnia facta sunt.
Qui propter nos homines et propter nostram salutem descendit de cælis.
Et incarnatus est de Spiritu Sancto ex Maria Virgine, et homo factus est.
Crucifixus etiam pro nobis sub Pontio Pilato ;
passus et sepultus est, et resurrexit tertia die, secundum Scripturas,
et ascendit in cælum, sedet ad dexteram Patris.
Et iterum venturus est cum gloria, iudicare vivos et mortuos,
cuius regni non erit finis.
Et in Spiritum Sanctum, Dominum et vivificantem :
qui ex Patre Filioque procedit.
Qui cum Patre et Filio simul adoratur et conglorificatur :
qui locutus est per prophetas.
Et unam, sanctam, catholicam et apostolicam Ecclesiam.
Confiteor unum baptisma in remissionem peccatorum.
Et exspecto resurrectionem mortuorum, et vitam venturi sæculi.
Amen.

Symbole des Apôtres

Je crois en Dieu, le Père tout-puissant, créateur du ciel et de la terre.
Et en Jésus Christ, son Fils unique, notre Seigneur,
qui a été conçu du Saint-Esprit, est né de la Vierge Marie,
a souffert sous Ponce Pilate, a été crucifié, est mort et a été enseveli,
est descendu aux enfers, le troisième jour est ressuscité des morts,
est monté aux cieux, est assis à la droite de Dieu le Père tout-puissant,
d'où il viendra juger les vivants et les morts.
Je crois en l'Esprit Saint, à la sainte Église catholique,
à la communion des saints, à la rémission des péchés,
à la résurrection de la chair, à la vie éternelle. Amen.

Prière universelle

LITURGIE EUCHARISTIQUE

Préparation des dons

Tu es béni, Seigneur, Dieu de l'univers : nous avons reçu de ta bonté le pain que nous te présentons, fruit de la terre et du travail des hommes ; il deviendra pour nous le pain de la vie. ***— Béni soit Dieu, maintenant et toujours !***

Comme cette eau se mêle au vin pour le sacrement de l'Alliance, puissions-nous être unis à la divinité de celui qui a voulu prendre notre humanité.

Tu es béni, Seigneur, Dieu de l'univers : nous avons reçu de ta bonté le vin que nous te présentons, fruit de la vigne et du travail des hommes ; il deviendra pour nous le vin du Royaume éternel.

— Béni soit Dieu, maintenant et toujours !

Le cœur humble et contrit, nous te supplions, Seigneur, accueille-nous : que notre sacrifice, en ce jour, trouve grâce devant toi, Seigneur notre Dieu. Lave-moi de mes fautes, Seigneur, et purifie-moi de mon péché.

Prière sur les offrandes

Priez, frères et sœurs : que mon sacrifice, qui est aussi le vôtre, soit agréable à Dieu le Père tout-puissant.

— Que le Seigneur reçoive de vos mains ce sacrifice à la louange et à la gloire de son nom, pour notre bien et celui de toute l'Église.

Ou bien :

Prions ensemble, au moment d'offrir le sacrifice de toute l'Église.

— Pour la gloire de Dieu et le salut du monde.

Prière eucharistique

Le Seigneur soit avec vous.

— Et avec votre esprit.

Élevons notre cœur.

— Nous le tournons vers le Seigneur.

Rendons grâce au Seigneur notre Dieu.

— Cela est juste et bon.

Préfaces

7e préface des dimanches

Sauvés par l'obéissance du Christ

Vraiment, il est juste et bon, pour ta gloire et notre salut, de t'offrir notre action de grâce, toujours et en tout lieu, Seigneur, Père très saint, Dieu éternel et tout-puissant. Dans ta miséricorde, tu as tellement aimé le monde que tu nous as envoyé le Rédempteur ; tu l'as voulu à notre ressemblance en toute chose à l'exception du péché, afin d'aimer en nous ce que tu aimais en lui ; tes dons que nous avions perdus par la désobéissance du péché, nous les retrouvons par l'obéissance de ton Fils. C'est pourquoi, avec les anges et tous les saints, nous te louons, Seigneur, et nous exultons de joie en proclamant : ***Saint ! Saint ! Saint...***

8e préface des dimanches

L'Église unifiée par l'unité de la Trinité

Vraiment, il est juste et bon, pour ta gloire et notre salut, de t'offrir notre action de grâce, toujours et en tout lieu, Seigneur, Père très saint, Dieu éternel et tout-puissant. Par le sang de ton Fils et la force de l'Esprit, tu as voulu réunir auprès de toi tes enfants que le péché avait éloignés ; et ce peuple qui tient son unité de la Trinité sainte, à la louange de ta sagesse infinie, c'est l'Église, corps du Christ et temple de l'Esprit. C'est pourquoi, unissant nos voix à celles des anges, nous te louons dans la joie en proclamant : ***Saint ! Saint ! Saint...***

1re préface commune

Récapitulation de toutes choses dans le Christ

Vraiment, il est juste et bon, pour ta gloire et notre salut, de t'offrir notre action de grâce, toujours et en tout lieu, Seigneur, Père très saint, Dieu éternel et tout-puissant, par le Christ, notre Seigneur. En lui tu as voulu récapituler toutes choses, et tu nous as fait partager la vie qu'il possède en plénitude. Lui qui est de condition divine, il s'est anéanti pour donner au monde la paix par le sang de sa croix; élevé au-dessus de toute créature, il est devenu pour tous ceux qui lui obéissent la cause du salut éternel. C'est pourquoi, avec les anges et les archanges, avec les puissances d'en haut et tous les esprits bienheureux, nous chantons l'hymne de ta gloire et sans fin nous proclamons : ***Saint! Saint! Saint...***

5e préface commune

Proclamation du mystère du Christ

Vraiment, il est juste et bon, pour ta gloire et notre salut, de t'offrir notre action de grâce, toujours et en tout lieu, Seigneur, Père très saint, Dieu éternel et tout-puissant, par le Christ, notre Seigneur. Le rappel de sa mort provoque notre amour, l'annonce de sa résurrection ravive notre foi, et l'attente de sa venue dans la gloire affermit notre espérance. C'est pourquoi, avec les saints et tous les anges, nous te louons et sans fin nous proclamons : ***Saint! Saint! Saint...***

1re préface des saints

La gloire des saints

Vraiment, il est juste et bon, pour ta gloire et notre salut, de t'offrir notre action de grâce, toujours et en tout lieu, Seigneur, Père très saint, Dieu éternel et tout-puissant. Car tu es glorifié dans l'assemblée des saints : lorsque tu couronnes leurs mérites, tu couronnes tes propres dons. Dans leur vie, tu nous procures un modèle, dans la communion avec eux, une famille, et dans leur intercession, un appui; afin que, soutenus par de si nombreux témoins, nous courions jusqu'au bout l'épreuve qui nous est proposée et recevions avec eux l'impérissable couronne de gloire, par le Christ, notre Seigneur. C'est pourquoi, avec les anges et les archanges, avec la foule immense des saints, nous chantons l'hymne de ta gloire et sans fin nous proclamons : ***Saint! Saint! Saint...***

2e préface des saints

Le rôle des saints

Vraiment, il est juste et bon, pour ta gloire et notre salut, de t'offrir notre action de grâce, toujours et en tout lieu, Seigneur, Père très saint, Dieu éternel et tout-puissant, par le Christ, notre Seigneur. Tu ne cesses de fortifier ton Église, et tu lui donnes une fécondité nouvelle par la foi admirable dont témoignent les saints ; tu nous présentes en eux des signes très sûrs de ton amour. Et pour que s'accomplissent les mystères du salut, le rayonnement de leur exemple nous stimule, et leur intercession fervente nous assure un appui. C'est pourquoi, avec les anges et tous les saints, nous te louons, Seigneur, et nous exultons de joie en proclamant : ***Saint ! Saint ! Saint...***

1re préface de la Vierge Marie

La maternité de la bienheureuse Vierge Marie

Vraiment, il est juste et bon, pour ta gloire et notre salut, de t'offrir notre action de grâce, toujours et en tout lieu, Seigneur, Père très saint, Dieu éternel et tout-puissant. En ce jour
• où nous célébrons la *(nommer la fête)* de la bienheureuse Vierge Marie : ...
• où nous célébrons la mémoire de la bienheureuse Vierge Marie : ...
• où nous honorons la bienheureuse Vierge Marie : ... nous voulons te chanter, te bénir et te glorifier. Car elle a conçu ton Fils unique lorsque le Saint-Esprit la couvrit de son ombre, et, gardant pour toujours la gloire de sa virginité, elle a donné au monde la lumière éternelle, Jésus, le Christ, notre Seigneur. Par lui, les anges célèbrent ta grandeur, et les esprits bienheureux adorent ta gloire ; par lui s'inclinent devant toi les puissances d'en haut et tressaillent d'une même allégresse les innombrables créatures des cieux. À leur hymne de louange, laisse-nous joindre nos voix pour chanter et proclamer : ***Saint ! Saint ! Saint...***

2e préface des saints martyrs

Les merveilles de Dieu dans la victoire des martyrs

Vraiment, il est juste et bon, pour ta gloire et notre salut, de t'offrir notre action de grâce, toujours et en tout lieu, Seigneur, Père très saint, Dieu éternel et tout-puissant. En louant tes saints martyrs, c'est toi que nous exaltons, et leur passion révèle l'œuvre admirable de ta puissance : tu leur donnes, en ta bonté, de croire avec ardeur, de persévérer sans faiblir et de vaincre dans le combat, par le Christ notre Seigneur. C'est pourquoi le ciel et la terre t'adorent; ils te chantent le cantique nouveau, et nous-mêmes, unissant notre voix à celle des anges, nous t'acclamons : ***Saint ! Saint ! Saint…***

Préface des saints pasteurs

La présence des saints pasteurs dans l'Église

Vraiment, il est juste et bon, pour ta gloire et notre salut, de t'offrir notre action de grâce, toujours et en tout lieu, Seigneur, Père très saint, Dieu éternel et tout-puissant, par le Christ, notre Seigneur. Tu donnes à ton Église de se réjouir en la fête de saint (des saints) N. : par l'exemple qu'il a (qu'ils ont) donné, tu nous encourages, par son (leur) enseignement, tu nous éclaires, à sa (leur) prière, tu veilles sur nous. C'est pourquoi, avec la multitude des anges et des saints, nous chantons l'hymne de ta gloire et sans fin nous proclamons : ***Saint ! Saint ! Saint…***

Préface des saintes vierges, et des saints religieux ou religieuses

Signification de la vie consacrée

Vraiment, il est juste et bon, pour ta gloire et notre salut, de t'offrir notre action de grâce, toujours et en tout lieu, Seigneur, Père très saint, Dieu éternel et tout-puissant. Nous célébrons les prévenances de ton amour pour tant d'hommes et de femmes parvenus à la sainteté en se donnant au Christ à cause du royaume des

Cieux. Par ce mystère d'alliance, tu veux que notre condition humaine retrouve sa splendeur première, et que, dès ici-bas, nous ayons un avant-goût des biens que tu nous donneras dans le monde à venir. C'est pourquoi, avec les saints et tous les anges, nous te louons et sans fin nous proclamons :

Saint ! Saint ! Saint, le Seigneur,
Dieu de l'univers !
Le ciel et la terre sont remplis de ta gloire.
Hosanna au plus haut des cieux.
Béni soit celui qui vient
au nom du Seigneur.
Hosanna au plus haut des cieux.

Sanctus, Sanctus, Sanctus
Dominus Deus Sabaoth.
Pleni sunt cœli et terra gloria tua.
Hosanna in excelsis.
Benedictus qui venit in nomine
Domini. Hosanna in excelsis.

• *Prière eucharistique **1***
« Toi, Père très aimant... » .... p. 248
• *Prière eucharistique **2***
« Toi qui es vraiment saint... » .... p. 252
• *Prière eucharistique **3***
« Tu es vraiment saint... » .... p. 255
• *Prière eucharistique **4***
« Père très saint... » .... p. 258

Prière eucharistique nº 1

(Préfaces : p. 243)

Toi, Père très aimant, nous te prions et te supplions par Jésus Christ, ton Fils, notre Seigneur, d'accepter et de bénir ✠ ces dons, ces offrandes, sacrifice pur et saint, que nous te présentons avant tout pour ta sainte Église catholique : accorde-lui la paix et protège-la, daigne la rassembler dans l'unité et la gouverner par toute la terre ; nous les présentons en union avec ton serviteur notre pape N., notre évêque N., et tous ceux qui gardent fidèlement la foi catholique reçue des Apôtres.

Souviens-toi, Seigneur, de tes serviteurs et de tes servantes (de N. et de N.), et de tous ceux qui sont ici réunis, dont tu connais la foi et l'attachement. Nous t'offrons pour eux, ou ils t'offrent pour eux-mêmes et tous les leurs ce sacrifice de louange, pour leur propre rédemption, pour la paix, et le salut qu'ils espèrent ; ils te rendent cet hommage, à toi, Dieu éternel, vivant et vrai.

(1) **En semaine :**

• Unis dans une même communion, vénérant d'abord la mémoire de la bienheureuse Marie toujours vierge, Mère de notre Dieu et Seigneur, Jésus Christ, •••

(2) **Le dimanche :**

• Unis dans une même communion, nous célébrons le jour où le Christ est ressuscité d'entre les morts ; et vénérant d'abord la mémoire de la bienheureuse Marie toujours vierge, Mère de notre Dieu et Seigneur, Jésus Christ, •••

(3) **Pour l'Assomption :**

• Unis dans une même communion, nous célébrons le jour où la Vierge Marie a été élevée dans la gloire du ciel ; et vénérant d'abord la mémoire de cette Vierge bienheureuse, la

Mère de notre Dieu et Seigneur, Jésus Christ,

••• et celle de saint Joseph, son époux, des bienheureux Apôtres et martyrs Pierre et Paul, André, [Jacques et Jean, Thomas, Jacques et Philippe, Barthélemy et Matthieu, Simon et Jude, Lin, Clet, Clément, Sixte, Corneille et Cyprien, Laurent, Chrysogone, Jean et Paul, Côme et Damien,] et de tous les saints, nous t'en supplions : accorde-nous, par leur prière et leurs mérites, d'être toujours et partout, forts de ton secours et de ta protection. [Par le Christ, notre Seigneur. Amen.]

Voici donc l'offrande que nous présentons devant toi, nous, tes serviteurs, et ta famille entière : Seigneur, dans ta bienveillance, accepte-la. Assure toi-même la paix de notre vie, arrache-nous à la damnation éternelle et veuille nous admettre au nombre de tes élus. [Par le Christ, notre Seigneur. Amen.]

Seigneur Dieu, nous t'en prions, daigne bénir et accueillir cette offrande, accepte-la pleinement, rends-la parfaite et digne de toi : qu'elle devienne pour nous le corps et le sang de ton Fils bien-aimé, Jésus, le Christ, notre Seigneur.

La veille de sa passion, il prit le pain dans ses mains très saintes et, les yeux levés au ciel, vers toi, Dieu, son Père tout-puissant, en te rendant grâce il dit la bénédiction, il rompit le pain, et le donna à ses disciples, en disant : **« Prenez, et mangez-en tous :** ceci est mon corps livré pour vous. » De même, après le repas, il prit cette coupe incomparable dans ses mains très saintes ; et, te rendant grâce à nouveau, il dit la bénédiction, et donna la coupe à ses disciples, en disant : **« Prenez, et buvez-en** tous, car ceci est la coupe de mon sang, le sang de l'Alliance nouvelle et éternelle, qui sera versé pour vous et pour la multitude en rémission des péchés. Vous ferez cela en mémoire de moi. »

(1) Il est grand, le mystère de la foi :
— Nous annonçons ta mort, Seigneur Jésus, nous proclamons ta résurrection, nous attendons ta venue dans la gloire.

(2) Acclamons le mystère de la foi :
— Quand nous mangeons ce pain et buvons à cette coupe, nous annonçons ta mort, Seigneur ressuscité,
et nous attendons que tu viennes.

(3) Qu'il soit loué, le mystère de la foi :
— Sauveur du monde, sauve-nous !
Par ta croix et ta résurrection,
tu nous as libérés.
ou:
Proclamons le mystère de la foi :
— Gloire à toi qui étais mort, gloire à toi qui es vivant, notre Sauveur et notre Dieu : viens, Seigneur Jésus !

Mysterium fidei.
(1) – *Mortem tuam annuntiamus, Domine, et tuam resurrectionem confitemur, donec venias.*
(2) – *Quotiescumque manducamus panem hunc et calicem bibimus, mortem tuam annuntiamus, Domine, donec venias.*
(3) – *Salvator mundi, salva nos, qui per crucem et resurrectionem tuam liberasti nos.*

Voilà pourquoi nous, tes serviteurs, et ton peuple saint avec nous, faisant mémoire de la passion bienheureuse de ton Fils, Jésus, le Christ, notre Seigneur, de sa résurrection du séjour des morts et de sa glorieuse ascension dans le ciel, nous te présentons, Dieu de gloire et de majesté, cette offrande prélevée sur les biens que tu nous donnes, le sacrifice pur et saint, le sacrifice parfait, pain de la vie éternelle et coupe du salut. Et comme il t'a plu d'accueillir les présents de ton serviteur Abel le Juste, le sacrifice d'Abraham, notre père dans la foi, et celui que t'offrit Melkisédek, ton grand prêtre, oblation sainte et immaculée, regarde ces offrandes avec amour et, dans ta bienveillance, accepte-les. Nous t'en supplions, Dieu tout-puissant : qu'elles soient portées par les mains de ton saint Ange en présence de ta gloire, sur ton autel céleste, afin qu'en recevant ici, par notre communion à l'autel, le corps et le sang très saints de ton Fils, nous soyons comblés de la grâce et de toute bénédiction du ciel. [Par le Christ, notre Seigneur. Amen.]

Souviens-toi aussi, Seigneur, de tes serviteurs et de tes servantes (de N. et N.) qui nous ont précédés, marqués du signe de la foi, et qui dorment dans la paix. Pour eux et pour tous ceux qui reposent dans le Christ, nous implorons ta bonté, Seigneur : qu'ils demeurent dans la joie, la lumière et la paix. [Par le Christ, notre Seigneur. Amen.]

Et nous pécheurs, tes serviteurs, qui mettons notre espérance en ta miséricorde inépuisable, admets-nous dans la communauté des saints Apôtres et martyrs, avec Jean Baptiste, Étienne, Matthias et Barnabé, [Ignace, Alexandre, Marcellin et Pierre, Félicité et Perpétue, Agathe, Lucie, Agnès, Cécile, Anastasie,] et tous les saints ; nous t'en prions, accueille-nous dans leur compagnie, sans nous juger sur le mérite mais en accordant largement ton pardon. Par le Christ, notre Seigneur. Par lui, tu ne cesses de créer tous ces biens, tu les sanctifies, leur donnes la vie, les bénis, et nous en fais le don.

Par lui, avec lui et en lui, à toi, Dieu le Père tout-puissant, dans l'unité du Saint-Esprit, tout honneur et toute gloire, pour les siècles des siècles.

— *Amen.*

Vient ensuite le rite de la communion, p. 262.

Prière eucharistique n° 2

(On peut aussi choisir une autre préface.)

Vraiment, Père très saint, il est juste et bon, pour ta gloire et notre salut, de t'offrir notre action de grâce, toujours et en tout lieu, par ton Fils bien-aimé, Jésus, le Christ : il est ta parole par qui tu as créé toutes choses ; c'est lui que tu nous as envoyé comme Rédempteur et Sauveur, Dieu fait homme, conçu de l'Esprit Saint, né de la Vierge Marie. Pour accomplir jusqu'au bout ta volonté et rassembler un peuple saint qui t'appartienne, il étendit les mains à l'heure de sa passion, afin de briser la mort, et de manifester la résurrection. C'est pourquoi, avec les anges et tous les saints, nous chantons ta gloire, et d'une seule voix nous proclamons :

Saint ! Saint ! Saint, le Seigneur, Dieu de l'univers ! Le ciel et la terre sont remplis de ta gloire. Hosanna au plus haut des cieux. Béni soit celui qui vient au nom du Seigneur. Hosanna au plus haut des cieux.

(Voir p. 247 pour la version latine.)

(1) En semaine :

• Toi qui es vraiment saint, toi qui es la source de toute sainteté, Seigneur, nous te prions : •••

(2) Le dimanche :

• Toi qui es vraiment saint, toi qui es la source de toute sainteté, Dieu notre Père, nous voici rassemblés devant toi, et, dans la communion de toute l'Église, nous célébrons le jour où le

Christ est ressuscité d'entre les morts. Par lui que tu as élevé à ta droite, nous te prions : •••

(3) **Pour l'Assomption :**

• Toi qui es vraiment saint, toi qui es la source de toute sainteté, Dieu notre Père, nous voici rassemblés devant toi, et, dans la communion de toute l'Église, nous célébrons le jour où la Vierge, Mère de Dieu, a été élevée au ciel, dans la gloire de son fils, Jésus Christ, notre Seigneur. Par lui, qui est à l'origine de notre foi et qui la mène à sa perfection, nous te prions : •••

••• Sanctifie ces offrandes en répandant sur elles ton Esprit ; qu'elles deviennent pour nous le corps et ✠ le sang de Jésus, le Christ, notre Seigneur.

Au moment d'être livré et d'entrer librement dans sa passion, il prit le pain, il rendit grâce, il le rompit et le donna à ses disciples, en disant :
« **Prenez, et mangez-en tous** : ceci est mon corps livré pour vous. »
De même, après le repas, il prit la coupe ; de nouveau il rendit grâce, et la donna à ses disciples, en disant :
« **Prenez, et buvez-en tous**, car ceci est la coupe de mon sang, le sang de l'Alliance nouvelle et éternelle, qui sera versé pour vous et pour la multitude en rémission des péchés. Vous ferez cela en mémoire de moi. »

(1) Il est grand, le mystère de la foi :
— Nous annonçons ta mort, Seigneur Jésus, nous proclamons ta résurrection, nous attendons ta venue dans la gloire.
(2) Acclamons le mystère de la foi :
— Quand nous mangeons ce pain et buvons à cette coupe, nous annonçons ta mort, Seigneur ressuscité, et nous attendons que tu viennes.
(3) Qu'il soit loué, le mystère de la foi :
— Sauveur du monde, sauve-nous !

Prière eucharistique n° 2

Par ta croix et ta résurrection, tu nous as libérés.

ou : Proclamons le mystère de la foi :

— Gloire à toi qui étais mort, gloire à toi qui es vivant, notre Sauveur et notre Dieu : viens, Seigneur Jésus !

(Voir p. 250 pour la version latine.)

En faisant ainsi mémoire de la mort et de la résurrection de ton Fils, nous t'offrons, Seigneur, le pain de la vie et la coupe du salut, et nous te rendons grâce, car tu nous as estimés dignes de nous tenir devant toi pour te servir. Humblement, nous te demandons qu'en ayant part au corps et au sang du Christ, nous soyons rassemblés par l'Esprit Saint en un seul corps.

Souviens-toi, Seigneur, de ton Église répandue à travers le monde : fais-la grandir dans ta charité en union avec notre pape N., notre évêque N., et tous les évêques, les prêtres et les diacres.

Souviens-toi aussi de nos frères et sœurs qui se sont endormis dans l'espérance de la résurrection, et souviens-toi, dans ta miséricorde, de tous les défunts : accueille-les dans la lumière de ton visage.

Sur nous tous enfin, nous implorons ta bonté : permets qu'avec la Vierge Marie, la bienheureuse Mère de Dieu, avec saint Joseph, son époux, les Apôtres et tous les saints qui ont fait ta joie au long des âges, nous ayons part à la vie éternelle et que nous chantions ta louange et ta gloire, par ton Fils Jésus, le Christ.

Par lui, avec lui et en lui, à toi, Dieu le Père tout-puissant, dans l'unité du Saint-Esprit, tout honneur et toute gloire, pour les siècles des siècles.

— Amen.

Vient ensuite le rite de la communion, p. 262.

Prière eucharistique n° 3

(Préfaces : p. 243)

Tu es vraiment saint, Dieu de l'univers, et il est juste que toute la création proclame ta louange, car c'est toi qui donnes la vie, c'est toi qui sanctifies toutes choses, par ton Fils, Jésus Christ, notre Seigneur, avec la puissance de l'Esprit Saint ; et tu ne cesses de rassembler ton peuple, afin que, du levant au couchant du soleil, une offrande pure soit présentée à ton nom.

(1) **En semaine :**
• C'est pourquoi nous te supplions, Seigneur, de consacrer toi-même les offrandes que nous apportons : •••

(2) **Le dimanche :**
• C'est pourquoi nous voici rassemblés devant toi, Dieu notre Père, et, dans la communion de toute l'Église, nous célébrons le jour où le Christ est ressuscité d'entre les morts. Par lui, que tu as élevé à ta droite, nous te supplions de consacrer toi-même les offrandes que nous apportons : •••

(3) **Pour l'Assomption :**
• C'est pourquoi nous voici rassemblés devant toi, Dieu notre Père, et, dans la communion de toute l'Église, nous célébrons le jour où la Vierge, Mère de Dieu, a été élevée au ciel, dans la gloire de son fils, Jésus Christ, notre Seigneur. Par lui, qui est à l'origine de notre foi et qui la mène à sa perfection, nous te supplions de consacrer toi-même les offrandes que nous apportons : •••

••• Sanctifie-les par ton Esprit pour qu'elles deviennent le corps + et le sang de ton Fils, Jésus Christ, notre Seigneur, qui nous a dit de célébrer ce mystère.

La nuit même où il fut livré, il prit le pain, en te rendant grâce il dit la bénédiction, il rompit le pain, et

le donna à ses disciples, en disant : « Prenez, et mangez-en tous : ceci est mon corps livré pour vous. »
De même, après le repas, il prit la coupe ; en te rendant grâce il dit la bénédiction, et donna la coupe à ses disciples, en disant :
« Prenez, et buvez-en tous, car ceci est la coupe de mon sang, le sang de l'Alliance nouvelle et éternelle, qui sera versé pour vous et pour la multitude en rémission des péchés. Vous ferez cela en mémoire de moi. »

(1) Il est grand, le mystère de la foi :
— Nous annonçons ta mort, Seigneur Jésus, nous proclamons ta résurrection, nous attendons ta venue dans la gloire.

(2) Acclamons le mystère de la foi :
— Quand nous mangeons ce pain et buvons à cette coupe, nous annonçons ta mort, Seigneur ressuscité, et nous attendons que tu viennes.

(3) Qu'il soit loué, le mystère de la foi :
— Sauveur du monde, sauve-nous ! Par ta croix et ta résurrection, tu nous as libérés.
ou:
Proclamons le mystère de la foi :
— Gloire à toi qui étais mort, gloire à toi qui es vivant, notre Sauveur et notre Dieu: viens, Seigneur Jésus !
(Voir p. 250 pour la version latine.)

En faisant ainsi mémoire de ton Fils, de sa passion qui nous sauve, de sa glorieuse résurrection et de son ascension dans le ciel, alors que nous attendons son dernier avènement, nous t'offrons, Seigneur, en action de grâce, ce sacrifice vivant et saint. Regarde, nous t'en prions, l'oblation de ton Église, et daigne y reconnaître ton Fils qui, selon ta volonté, s'est offert en sacrifice pour nous réconcilier avec toi. Quand nous serons nourris de son corps et de son sang, et remplis de l'Esprit Saint, accorde-nous d'être un seul corps et un seul esprit dans le Christ.

Que l'Esprit Saint fasse de nous une éternelle offrande à ta gloire, pour que nous obtenions un jour l'héritage promis, avec tes élus : en premier lieu la bienheureuse Vierge Marie, Mère de Dieu, avec saint Joseph, son époux, les bienheureux Apôtres, les glorieux martyrs, (saint N.) et tous les saints, qui ne cessent d'intercéder auprès de toi et nous assurent de ton secours.

Et maintenant nous te supplions, Seigneur : par le sacrifice qui nous réconcilie avec toi, étends au monde entier le salut et la paix. Affermis ton Église, en pèlerinage sur la terre, dans la foi et la charité, en union avec ton serviteur notre pape N., et notre évêque N., l'ensemble des évêques, les prêtres, les diacres, et tout le peuple que tu as racheté. Écoute, en ta bonté, les prières de ta famille, que tu as voulu rassembler devant toi. Dans ta miséricorde, ramène à toi, Père très aimant, tous tes enfants dispersés.

Pour nos frères et sœurs défunts, et pour tous ceux qui ont quitté ce monde et trouvent grâce devant toi, nous te prions : en ta bienveillance, accueille-les dans ton Royaume, où nous espérons être comblés de ta gloire, tous ensemble et pour l'éternité, par le Christ, notre Seigneur, par qui tu donnes au monde toute grâce et tout bien.

Par lui, avec lui et en lui, à toi, Dieu le Père tout-puissant, dans l'unité du Saint-Esprit, tout honneur et toute gloire, pour les siècles des siècles.
— Amen.

Vient ensuite le rite de la communion, p. 262.

Prière eucharistique nº 4

Vraiment, il est bon de te rendre grâce, il est juste et bon de te glorifier, Père très saint, car tu es le seul Dieu, le Dieu vivant et vrai : toi qui es avant tous les siècles, tu demeures éternellement, lumière au-delà de toute lumière. Toi, le Dieu de bonté, la source de la vie, tu as fait le monde pour que toute créature soit comblée de tes bénédictions, et que beaucoup se réjouissent de l'éclat de ta lumière. Ainsi, la foule innombrable des anges qui te servent jour et nuit se tiennent devant toi, et, contemplant la splendeur de ta face, n'interrompent jamais leur louange. Unis à leur hymne d'allégresse, avec la création tout entière qui t'acclame par nos voix, Dieu, nous te chantons (louons) :

Saint ! Saint ! Saint,
le Seigneur,
Dieu de l'univers !
Le ciel et la terre
sont remplis de ta gloire.
Hosanna au plus haut des cieux.
Béni soit celui qui vient
au nom du Seigneur.
Hosanna au plus haut des cieux.

(Voir p. 247 pour la version latine.)

Père très saint, nous proclamons que tu es grand et que tu as fait toutes choses avec sagesse et par amour : tu as créé l'homme à ton image et tu lui as confié l'univers, afin qu'en te servant, toi seul, son Créateur, il règne sur la création. Comme il avait perdu ton amitié par sa désobéissance, tu ne l'as pas abandonné au pouvoir de la mort. Dans ta miséricorde, tu es venu en aide à tous les hommes pour qu'ils te cherchent et puissent te trouver. Tu as multiplié les alliances avec eux, et tu les as formés, par les prophètes, dans l'espérance du salut. Tu as tellement aimé le monde, Père très saint, que tu nous as envoyé ton Fils unique, lorsque les temps furent accomplis, pour qu'il soit notre Sauveur. Dieu fait homme, conçu de l'Esprit Saint, né de la Vierge Marie, il a vécu notre condition humaine en toute chose, excepté le péché, annonçant aux pauvres la bonne nouvelle du salut ; aux captifs, la délivrance ; aux affligés, la joie. Pour accomplir le dessein de ton amour, il s'est livré lui-même à la mort, et, par sa résurrection, il a détruit la mort et renouvelé la vie. Afin que désormais notre vie ne soit plus à nous-mêmes, mais à lui qui est mort et ressuscité pour nous, il a envoyé d'auprès de toi, Père, comme premier don fait aux croyants, l'Esprit Saint qui continue son œuvre dans le monde et achève toute sanctification.

Que ce même Esprit Saint, nous t'en prions, Seigneur, sanctifie ces offrandes : qu'elles deviennent ainsi le corps + et le sang de notre Seigneur Jésus, le Christ, dans la célébration de ce grand mystère, que lui-même nous a laissé en signe de l'Alliance éternelle.

Quand l'heure fut venue où tu allais le glorifier, Père très saint, comme il avait aimé les siens qui étaient dans le monde, il les aima jusqu'au bout : pendant le repas qu'il partageait avec eux, il prit le pain, dit la bénédiction, le rompit et le donna à ses disciples, en disant :
« **Prenez, et mangez-en tous** : ceci est mon corps livré pour vous. »

De même, il prit la coupe remplie de vin, il rendit grâce, et la donna à ses disciples, en disant :
« **Prenez, et buvez-en tous,** car ceci est la coupe de mon sang, le sang de l'Alliance nouvelle et éternelle, qui sera versé pour vous et pour la multitude en rémission des péchés. Vous ferez cela en mémoire de moi. »

Prière eucharistique n° 4

(1) Il est grand, le mystère de la foi :
— Nous annonçons ta mort,
Seigneur Jésus,
nous proclamons ta résurrection,
nous attendons ta venue dans la gloire.

(2) Acclamons le mystère de la foi :
— Quand nous mangeons ce pain
et buvons à cette coupe,
nous annonçons ta mort,
Seigneur ressuscité,
et nous attendons que tu viennes.

(3) Qu'il soit loué, le mystère de la foi :
— Sauveur du monde, sauve-nous !
Par ta croix et ta résurrection,
tu nous as libérés.
ou :
Proclamons le mystère de la foi :
— Gloire à toi qui étais mort,
gloire à toi qui es vivant,
notre Sauveur et notre Dieu :
viens, Seigneur Jésus !
(Voir p. 250 pour la version latine.)

Voilà pourquoi, Seigneur, nous célébrons aujourd'hui le mémorial de notre rédemption : en rappelant la mort du Christ et sa descente au séjour des morts, en proclamant sa résurrection et son ascension à ta droite, en attendant sa venue dans la gloire, nous t'offrons son corps et son sang, le sacrifice qui est digne de toi et qui sauve le monde entier. Regarde, Seigneur, celui qui s'offre dans le sacrifice que toi-même as préparé pour ton Église, et, dans ta bonté, accorde à tous ceux qui vont partager ce pain et boire à cette coupe d'être rassemblés par l'Esprit Saint en un seul corps, pour qu'ils deviennent eux-mêmes dans le Christ une vivante offrande à la louange de ta gloire.

Et maintenant, Seigneur, rappelle-toi tous ceux pour qui nous offrons le sacrifice : en premier lieu, ton serviteur notre pape N., notre évêque N., et l'ensemble des évêques, les prêtres et les diacres, les fidèles qui présentent cette offrande, les membres de notre assemblée, le peuple entier qui t'appartient, et tous ceux qui te cherchent avec droiture.

Souviens-toi aussi de ceux qui sont morts dans la paix du Christ, et de tous les défunts dont toi seul connais la foi.

À nous qui sommes tes enfants, accorde, Père très bon, l'héritage de la vie éternelle auprès de la Vierge Marie, la bienheureuse Mère de Dieu, auprès de saint Joseph, son époux, des Apôtres et de tous les saints, dans ton Royaume. Nous pourrons alors, avec la création tout entière, enfin libérée de la corruption du péché et de la mort, te glorifier par le Christ, notre Seigneur, par qui tu donnes au monde toute grâce et tout bien.

Par lui, avec lui et en lui, à toi, Dieu le Père tout-puissant, dans l'unité du Saint-Esprit, tout honneur et toute gloire, pour les siècles des siècles.
– Amen.

Vient ensuite le rite de la communion, p. 262.

RITE DE LA COMMUNION

Notre Père

(1) Comme nous l'avons appris du Sauveur, et selon son commandement, nous osons dire :
(2) Unis dans le même Esprit, nous pouvons dire avec confiance la prière que nous avons reçue du Sauveur :

Notre Père qui es aux cieux, que ton nom soit sanctifié,
que ton règne vienne, que ta volonté soit faite sur la terre comme au ciel.
Donne-nous aujourd'hui notre pain de ce jour. Pardonne-nous nos offenses,
comme nous pardonnons aussi à ceux qui nous ont offensés.
Et ne nous laisse pas entrer en tentation, mais délivre-nous du Mal.

(3) *Præceptis salutaribus moniti, et divina institutione formati, audemus dicere : Pater noster, qui es in cælis : sanctificetur nomen tuum ; adveniat regnum tuum ; fiat voluntas tua, sicut in cælo, et in terra. Panem nostrum cotidianum da nobis hodie ; et dimitte nobis debita nostra, sicut et nos dimittimus debitoribus nostris ; et ne nos inducas in tentationem ; sed libera nos a malo.*

Délivre-nous de tout mal, Seigneur, et donne la paix à notre temps : soutenus par ta miséricorde, nous serons libérés de tout péché, à l'abri de toute épreuve, nous qui attendons que se réalise cette bienheureuse espérance : l'avènement de Jésus Christ, notre Sauveur.
— Car c'est à toi qu'appartiennent le règne,
la puissance et la gloire pour les siècles des siècles !

Échange de la paix

Seigneur Jésus Christ, tu as dit à tes Apôtres : « Je vous laisse la paix, je vous donne ma paix » ; ne regarde pas nos péchés mais la foi de ton Église ; pour que ta volonté s'accomplisse, donne-lui toujours cette paix, et conduis-la vers l'unité parfaite, toi qui vis et règnes pour les siècles des siècles. **– *Amen.***
Que la paix du Seigneur soit toujours avec vous. **– *Et avec votre esprit.***
Dans la charité du Christ, donnez-vous la paix.

Fraction du pain

Que le corps et le sang de notre Seigneur Jésus Christ, réunis dans cette coupe, nourrissent en nous la vie éternelle.

Agneau de Dieu

Agneau de Dieu, qui enlèves les péchés du monde, prends pitié de nous. *(bis)*
Agneau de Dieu, qui enlèves les péchés du monde, donne-nous la paix.

Agnus Dei, qui tollis peccata mundi, miserere nobis. (bis)
Agnus Dei, qui tollis peccata mundi, dona nobis pacem.

Communion

(1) Seigneur Jésus Christ, Fils du Dieu vivant, selon la volonté du Père et avec la puissance du Saint-Esprit, tu as donné, par ta mort, la vie au monde ; que ton corps et ton sang très saints me délivrent de mes péchés et de tout mal ; fais que je demeure fidèle à tes commandements et que jamais je ne sois séparé de toi.

(2) Seigneur Jésus Christ, que cette communion à ton corps et à ton sang n'entraîne pour moi ni jugement ni condamnation ; mais que, par ta bonté, elle soutienne mon esprit et mon corps et me donne la guérison.

Voici l'Agneau de Dieu, voici celui qui enlève les péchés du monde.
Heureux les invités au repas des noces de l'Agneau !
— Seigneur, je ne suis pas digne de te recevoir ;
mais dis seulement une parole, et je serai guéri.

Chant de communion *ou antienne de la communion.*

Prière après la communion *voir à la date du jour.*

RITE DE CONCLUSION

Le Seigneur soit avec vous.
— Et avec votre esprit.
Que Dieu tout-puissant vous bénisse, le Père, et le Fils, + et le Saint-Esprit.
— Amen.

Puis le diacre, ou le prêtre lui-même, les mains jointes, tourné vers l'assemblée, dit :
(1) Allez, dans la paix du Christ.
(2) Allez porter l'Évangile du Seigneur.
(3) Allez en paix, glorifiez le Seigneur par votre vie.
(4) Allez en paix.
— Nous rendons grâce à Dieu.

Chants pour la célébration

Les chants en rouge sont consultables à la page indiquée. **Les chants en noir** sont référencés avec leur cote SECLI.

	Ouverture	Renvoi	Communion / Action de grâce	Renvoi
3 août	Criez de joie, pauvres de cœur	p. 266	Nous recevons le même pain	p. 269
	Vienne ton règne sur la terre	DEV349	Mendiant du jour	DP150-5
	Au cœur de ce monde	EA238-1	Aimer, il suffit d'aimer	EDIT260
10 août	Habiter le seuil de ta maison, Seigneur	p. 266	Voici le pain que donne Dieu	D50-07-2
	Dieu est à l'œuvre en cet âge	EP50	Veillons jusqu'au jour	X516
	Rassemblés dans ta maison de lumière	A63-74-2	Notre âme attend le Seigneur	p. 273
15 août	Tu as porté celui qui porte tout	p. 267	Couronnée d'étoiles	V44-58
	La première en chemin, Marie	V565	Je veux te chanter, Marie	p. 270
	Vierge sainte, Dieu t'a choisie	V136	Voici le corps et le sang du Seigneur	D44-80
17 août	Si l'espérance t'a fait marcher	G213	Mendiant du jour	DP150-2
	La paix dans la justice	p. 267	Ne craignez pas	R559
	Au cœur de ce monde	EA238-1	Ô Éternel	p. 272
24 août	Dieu nous a tous appelés	KD14-56-1	Notre Dieu s'est fait homme	p. 269
	Peuple de Dieu, marche joyeux	K180	Vous m'avez reconnu à la fraction du pain	XD58-47
	Venez chantons notre Dieu	p. 268	Vous serez vraiment grands	DEV525
31 août	Laisserons-nous à notre table	p. 268	Les pauvres mangeront	YD92
	Chantez, priez, célébrez le Seigneur	EDIT400	Prenons la main que Dieu nous tend	GR42-2
	À ce monde que tu fais	RT146-1	Devenez ce que vous recevez	p. 273

Suggestions pour août 2025 proposées par Thibault Van Den Driessche, avec ChantonsenÉglise

Criez de joie, pauvres de cœur (Ouverture)

EDIT159; T. : d'après Ps 33; M. : Chants de l'Emmanuel (A. Fleury); Éd. de l'Emmanuel.

Refrain : **Criez de joie, vous les pauvres de cœur,**
vous les enfants bien aimés du Seigneur.
Ouvrez les yeux, car le Royaume est là,
voici pour vous le Sauveur.

① **Je bénirai le Seigneur en tout temps ; mon âme exulte et jubile en mon Dieu.**
Que les petits écoutent et crient de joie ; heureux, car ils verront Dieu.

② **Venez chanter, magnifier le Seigneur ; quand je l'appelle, toujours il me répond.**
De mes frayeurs, il vient me délivrer, son nom de gloire est puissant.

③ **Tournez les yeux, regardez notre Dieu, qui le contemple, par lui resplendit.**
Un pauvre crie, le Seigneur lui répond, voyez, le Seigneur est bon !

Habiter le seuil de ta maison, Seigneur (Ouverture)

E22-11 ; T. et M. : Communauté du Chemin Neuf ; Artémas.

Refrain : **Habiter le seuil de ta maison, Seigneur, guetter le temps de ton retour.**
Comme un veilleur guette le jour, rester dans l'amour de ton nom.

① **Veiller pour être prêt**
le jour où tu viendras,
préparer ton retour.
Viens, Seigneur,
le monde a tant besoin de toi.

② **Veiller en espérant**
que se lève le jour,
annoncer ton retour.
Viens, Seigneur,
le monde a tant besoin de toi.

Tu as porté celui qui porte tout *(Ouverture)*

V44-77 ; T. et M. : Chants de l'Emmanuel (L. Cordin) ; Éd. de l'Emmanuel.

Refrain : **Tu as porté celui qui porte tout, notre Sauveur en ton sein a pris chair.**
Porte du ciel, Reine de l'univers, ô Marie, nous te saluons !

1. **Par amour, ton Dieu t'a choisie, Vierge bénie.**
Le Seigneur exulte pour toi, tu es sa joie !

2. **Tu accueilles, servante de Dieu, l'ange des cieux.**
La promesse en toi s'accomplit : tu as dit « oui » !

3. **L'Esprit Saint est venu sur toi, élue du Roi.**
Tu nous donnes l'Emmanuel, Ève nouvelle !

La paix dans la justice *(Ouverture)*

EDIT18-18 ; T. : C. Bernard ; M. : M. Wackenheim ; ADF-Musique.

Refrain : **La paix dans la justice, la paix dans l'amour,**
la paix sous le soleil des libertés, la paix sur le rameau « fraternité »,
qu'elle vienne, qu'elle resplendisse, que les peuples voient briller son jour !

1. **Jésus nous a montré la voie, il a fait face à la violence.**
Sur le chemin des résistances, Christ a mené son dur combat.

2. **Un jour il portera du fruit, le grain tombé en bonne terre.**
Plus fort que tous les bruits de guerre, que monte au ciel un chant de vie !

3. **La paix que l'univers attend, tient son secret d'un monde frère.**
Ouvrons des portes et des frontières, pour le bonheur de tout vivant.

Chants

Venez chantons notre Dieu (Ouverture)

Y565 ; T. et M. : Communauté de l'Emmanuel (G. Dadillon) ; Éd. de l'Emmanuel.

Refrain : **Venez chantons notre Dieu, lui, le Roi des cieux,**
il est venu pour sauver l'humanité et nous redonner la vie.
Exulte pour ton Roi, Jérusalem, danse de joie.

1. **Il est venu pour nous sauver du péché,**
exulte Jérusalem, danse de joie.
Oui par sa mort tous nous sommes libérés,
exulte Jérusalem, danse de joie.

2. **Oui tous ensemble rejetons notre péché,**
exulte Jérusalem, danse de joie.
Dans sa bonté, tous nous sommes pardonnés,
exulte Jérusalem, danse de joie.

Laisserons-nous à notre table (Ouverture)

D577 ; T. : M. Scouarnec ; M. : J. Akepsimas ; Studio SM.

Refrain : **Ne laissons pas mourir la terre, ne laissons pas mourir le feu.**
Tendons nos mains vers la lumière, pour accueillir le don de Dieu,
pour accueillir le don de Dieu.

1. **Laisserons-nous à notre table**
un peu de place à l'étranger ?
Trouvera-t-il quand il viendra
un peu de pain et d'amitié ?

2. **Laisserons-nous à nos paroles**
un peu de temps à l'étranger ?
Trouvera-t-il quand il viendra
un cœur ouvert pour l'écouter ?

Nous recevons le même pain *(Communion)*

D59-14; T. et M. : Communauté du Chemin Neuf; Éd. Chemin Neuf.

Refrain : **Nous recevons le même pain, nous buvons à la même coupe,**
afin de devenir celui qui nous unit : le corps du Christ.

① **Heureux qui désire la vie,**
qu'il s'en approche et la reçoive,
il recevra Jésus lui-même
et connaîtra l'amour de Dieu.

② **Heureux qui saura préférer**
celui qui sera tout en tous,
il amasse dès ici-bas
un trésor précieux dans le ciel.

③ **Heureux qui regarde le cœur**
et ne juge pas l'apparence,
il reconnaîtra dans ce pain
Jésus l'Agneau livré pour nous.

④ **Heureux celui que le Seigneur**
trouvera en train de veiller.
À sa table il l'invitera
et lui-même le servira.

Notre Dieu s'est fait homme *(Communion)*

EDIT 15-56; T. et M. : M. Dannaud; Éd. de l'Emmanuel.

① **Notre Dieu s'est fait homme pour que l'homme soit Dieu,**
mystère inépuisable, fontaine du salut.
Quand Dieu dresse la table, il convie ses amis
pour que sa vie divine soit aussi notre vie !

② **Le Seigneur nous convoque par le feu de l'Esprit**
au banquet de ses noces célébrées dans la joie.
Nous sommes son Église, l'épouse qu'il choisit
pour vivre son alliance et partager sa vie.

Je veux te chanter, Marie (Action de grâce)

V562 ; T. et M. : R. Fau ; Studio SM.

COUPLETS

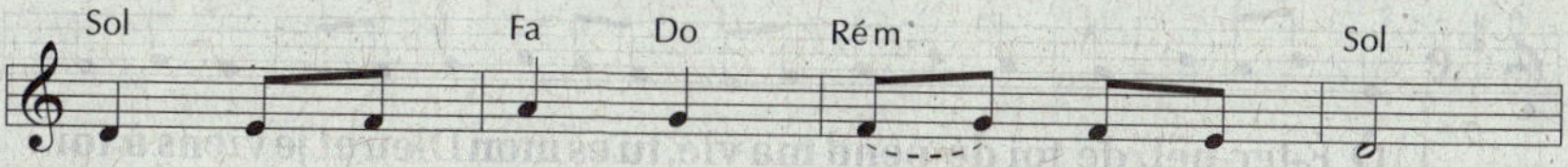

1. Mè - re du Ver - be, toi qui as dit oui,
2. Mè - re qui pleu - res le___ cru - ci - fié,
3. Mè - re des mè - res, Dieu est a - vec toi,

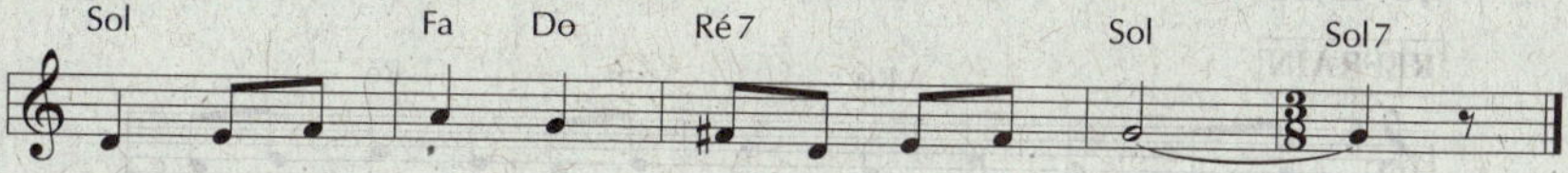

1. Mè - re du Ver - be, ap-prends-nous la vie.___
2. Mè - re qui pleu - res, ap-prends-nous la paix.___
3. Mè - re des mè - res, ap-prends-nous la joie.___

Ô Éternel *(Action de grâce)*

DEV240M; T. Communauté du Chemin Neuf; M. Tradition hébraïque; Éd. AME.

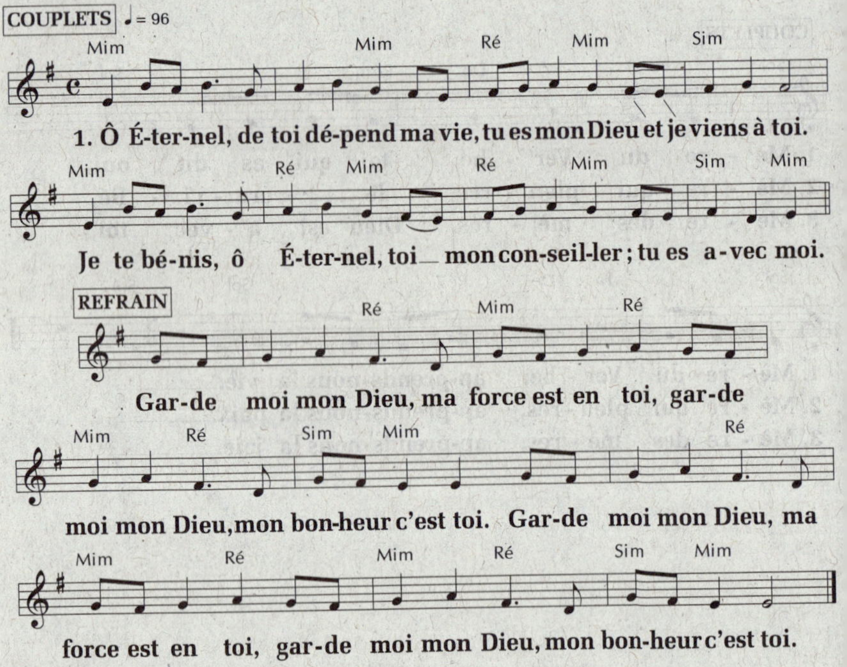

② Mon cœur exulte, mon âme est en fête, ma chair repose, j'ai confiance en toi.
Tu ne peux m'abandonner, tu montres le chemin, tu es toute ma joie !

Devenez ce que vous recevez (Communion)

D68-39 ; T. : J.-L. Fradon ; M. : B. Ben ; Éd. de l'Emmanuel-Théopolis.

Refrain : **Devenez ce que vous recevez, devenez le corps du Christ.**
Devenez ce que vous recevez, vous êtes le corps du Christ.

① Baptisés en un seul Esprit,
nous ne formons tous qu'un seul corps ;
abreuvés de l'unique Esprit,
nous n'avons qu'un seul Dieu et Père.

② Rassasiés par le pain de vie,
nous n'avons qu'un cœur et qu'une âme ;
fortifiés par l'amour du Christ,
nous pouvons aimer comme il aime.

③ Purifiés par le sang du Christ
et réconciliés avec Dieu ;
sanctifiés par la vie du Christ,
nous goûtons la joie du Royaume.

④ Rassemblés à la même table,
nous formons un peuple nouveau ;
bienheureux sont les invités
au festin des noces éternelles.

Notre âme attend le Seigneur (Action de grâce)

DEV569 ; T. : AELF ; M. : J. Berthier ; Les Presses de Taizé.

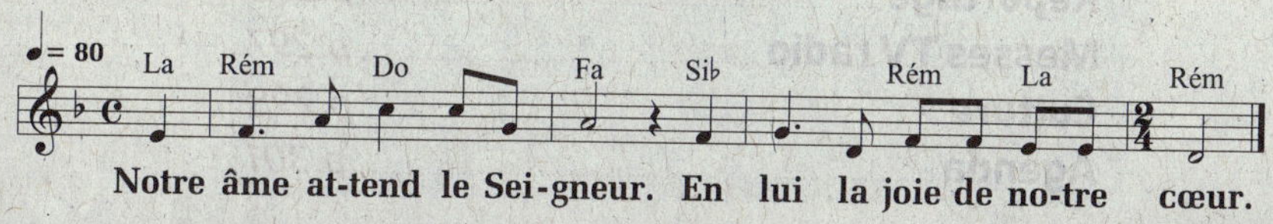

LES RENDEZ-VOUS D'AOÛT 2025

SOMMAIRE

© Guillaume Poli/Ciric

ÉDITORIAL

Pèlerins jubilaires

À la rédaction de *Prions en Église,* août est le mois du pèlerinage. Tout comme notre maison de presse Bayard, le National à Lourdes est une œuvre des pères assomptionnistes. Plusieurs d'entre nous seront à ce rendez-vous pour y animer des temps de prière et d'échange parmi les pèlerins.

Le pèlerinage est une démarche de l'année jubilaire. La Bible nous apprend le sens ancestral de ces rendez-vous. Ils sont fixés par Dieu dans sa maison, le Temple de Jérusalem, pour que chacun voie Dieu et soit vu de lui. Aller vers Dieu pour se présenter devant lui est la promesse du pèlerin. Dans sa chronique mensuelle, la théologienne Sylvaine Lacout nous initie à ce mystère : tournés vers Jérusalem, les pèlerinages de l'Ancien Testament sont aussi des « montées » (la ville se trouvant à 800 m d'altitude environ). L'image parle d'elle-même, symbolisant notre marche sur la terre vers le ciel. Jésus, ses parents et les disciples ont eux aussi observé les trois fêtes de pèlerinage. Et si le moment était venu pour vous aussi, chère lectrice, cher lecteur, d'entreprendre cette démarche spirituelle à Rome, dans votre diocèse, dans l'intimité de votre prière ? ■

© Simon Lambert

Karem Bustica
Rédactrice en chef de Prions en Église

« Le pèlerinage symbolise notre marche sur la terre vers le ciel. »

CHEMIN D'ÉTOILES

Jacques Nieuviarts, prêtre assomptionniste

Un signe grandiose dans le ciel !

Loin du firmament rempli d'étoiles que contemplait Abraham, les cieux sont en feu dans l'Apocalypse.

Il nous faut lire sans tarder ces lignes de l'Apocalypse, dans lesquelles douze étoiles forment un diadème pour la Femme sur le point d'enfanter, tandis que le Dragon la menace et balaie de sa queue le tiers des étoiles du ciel ! Nous sommes si loin des cieux que contempla Abraham, y saisissant la promesse de Dieu d'une postérité infinie ! Le ciel est ici de feu, instant d'Apocalypse, révélation décisive de l'intervention de Dieu. Mais lisons : « Un grand signe apparut dans le ciel : une Femme, ayant le soleil pour manteau, la lune sous les pieds, et sur la tête une couronne de douze étoiles. Elle est enceinte, elle crie, dans les douleurs et la torture d'un enfantement. Un autre signe apparut dans le ciel : un grand dragon, rouge feu, avec sept têtes et dix cornes, et, sur chacune des sept têtes, un diadème. Sa queue, entraînant le tiers des étoiles du ciel, les précipita sur la terre. Le Dragon vint se poster devant la femme qui allait enfanter, afin de dévorer l'enfant dès sa naissance. Or, elle mit au monde un fils, un enfant mâle, celui qui sera le berger de toutes les nations, les conduisant avec un sceptre de fer. L'enfant fut enlevé jusqu'auprès de Dieu et de son Trône » (Ap 12, 1-5).

Le Dragon est clairement identifié quelques versets plus loin : lorsqu'il y eut un grand combat dans le ciel, entre Michel et ses anges et le Dragon, qui n'eut pas le dessus. Il fut précipité : « Le Dragon, le Serpent des origines, celui qu'on nomme Diable et Satan, le séducteur du monde entier. Il fut jeté sur la terre, et ses anges furent jetés avec lui. » Alors une voix forte annonça la victoire de Dieu : « Maintenant voici le salut, la puissance et le règne de notre Dieu, voici le pouvoir de son Christ ! Car il est rejeté, l'accusateur de nos frères, lui qui les accusait, jour et nuit, devant notre Dieu. » Le Dragon est l'exacte antithèse de la figure de la Femme. La lecture chrétienne, depuis les IV et Ve siècles, y a vu la figure de Marie. L'enfant est une assez claire allusion à l'annonce d'Isaïe (cf. Is 7, 14) et fait écho au psaume 2, invitant à une lecture messianique. Peut-être son rapt évoque-t-il la Passion, tandis que la suite du texte montre que le combat n'est pas pour autant fini ? Il demeure à mener pour les disciples de l'Agneau, c'est-à-dire du Christ. ■

Le Dragon est l'exacte antithèse de la figure de la Femme.

Anne Lécu, dominicaine

Yotam ou la mise en garde contre le despotisme

La parabole de Yotam, au chapitre 9 du livre des Juges, sur un mystérieux débat entre les arbres qui veulent se doter d'un roi, est une critique nette du pouvoir despotique, toujours lisible à notre époque.

Une fois arrivé en Terre promise à la suite de Josué, le peuple grandit. Il a chassé, avec plus ou moins de succès, les habitants du pays, et parfois a conclu des accords avec eux. De ce fait, il arrive que cohabitent les dieux cananéens et le Dieu des Hébreux. Les Écritures n'auront de cesse de dénoncer ce genre de cohabitation qui peut vite se dégrader en idolâtrie de dieux que l'on aurait « à disposition », « sous la main », alors que le vrai Dieu ne l'est pas.

La Terre promise a été partagée entre les douze tribus, mais le temps a passé, la génération qui est entrée sur cette terre est morte et les Hébreux en viennent à ne plus trop savoir qui ils sont. Ils souhaitent un roi, et Abimélek, l'un des fils de Gédéon qu'il a eu avec une servante, revendique un pouvoir absolu sur le peuple en le flattant : « Ne vaut-il pas mieux un seul roi qu'une assemblée de soixante-dix personnes pour gouverner efficacement ? », dit-il en substance. Une fois que ses frères lui ont donné leur confiance et de l'argent, il fomente un complot et tue toute la fratrie, sauf le cadet, Yotam (dont le nom signifie « Dieu est intègre ») qui s'est caché. Il gouverne alors avec les « notables de Sichem ». Apprenant que malgré tout on veut faire roi Abimélek, Yotam monte sur le mont Garizim – à côté de Sichem, là d'où furent prononcées les bénédictions des Hébreux entrant en Terre promise (cf. Dt 27, 12) – et prononce une magnifique parabole : les arbres veulent un roi, dit-il, et cherchent un candidat. Mais l'olivier ne veut pas renoncer à son huile, ni le figuier ...

© Gaëtan Évrard

Première Alliance

« Alors tous les arbres dirent au buisson d'épines : "Viens, toi, sois notre roi !" »

Juges 9, 14

... à ses fruits, ni la vigne à son vin. Ne reste que le buisson d'épines, qui dit aux arbres : « Venez-vous abriter sous mon ombre » (Jg 9, 15) ! Cette critique nette du pouvoir despotique qui se prend pour Dieu et finalement provoque le malheur de ceux qui l'avaient porté aux nues est fort intéressante pour toutes les époques. Il n'existe ni homme ni femme providentiel. Et le confort mental que l'on pense gagner en se déchargeant de toute responsabilité sur un « chef » unique revient en boomerang sous forme de souffrance pour ceux qui sont tombés dans cette ornière et y ont entraîné les autres. À la suite de cette mise en garde, Yotam disparaît. « Yotam prit la fuite et disparut. Il alla s'établir à Beér, par crainte d'Abimélek, son frère » (Jg, 9, 21). Bien lui en prend, car Abimélek deviendra de plus en plus dangereux et incontrôlable. Il nous laisse cependant cette leçon : méfions-nous du pouvoir concentré entre les mains d'un seul. ■

Nouvelle Alliance

« Ne vous faites pas non plus donner le titre de maîtres, car vous n'avez qu'un seul maître, le Christ. Le plus grand parmi vous sera votre serviteur. »

Matthieu 23, 10-11

IL Y A 1700 ANS : LE CREDO

Emmanuelle Billoteau, ermite

Mobilisation face à une crise

L'histoire de l'Église est marquée par des crises de croissance qui permettent d'avancer dans la compréhension de la « merveille » que le Seigneur fit pour nous dans la Pâque du Christ. Ainsi en fut-il face à l'arianisme au IVe siècle.

Avant d'entrer dans le vif de notre sujet, rappelons qu'au IIIe siècle il existait de nombreux Symboles de foi élaborés par les différentes Églises vivant de la Bonne Nouvelle du Christ. Et cela, en fonction des ères géographiques et des patriarcats. Bien sûr, la différenciation se jouait d'abord entre l'Orient et l'Occident, mais aussi à l'intérieur de ces deux blocs. Le théologien Bernard Sesboüë rappelle ceci : « Quand un évêque entrait en charge, il envoyait à ses frères dans l'épiscopat la formule de sa foi, c'est-à-dire le Symbole de son Église. Ceux-ci faisaient alors acte de reconnaissance du Symbole de leur frère et l'admettaient dans leur communion. » Ainsi coexistaient le Vieux Symbole romain – qui, moyennant quelques ajouts deviendra notre Symbole des Apôtres –, les Symboles des Églises de Jérusalem, de Césarée, le Credo…

… arménien, pour ne prendre que quelques exemples. En ce sens, il est important de rappeler, que le concile de Nicée (325) va marquer un tournant en élaborant un Symbole de foi pour l'Église universelle. Mais avant de nous y arrêter, il faut mentionner le nouveau contexte sociétal – en 313, l'édit de Milan légalise le christianisme dans l'Empire romain suite à la conversion de son empereur Constantin – et, surtout, parler d'Arius et de la crise qu'il a initiée. Crise à laquelle le concile de Nicée a essayé de répondre.

Qui était Arius ?

Arius était un prêtre d'Alexandrie, grand lecteur d'Origène qu'il avait interprété à sa manière, déformant ainsi le sens de sa pensée. Quoi qu'il en soit, Arius en était venu à nier la divinité du Christ, le considérant comme une « super » créature, faite néanmoins à partir du néant et sujette au changement tout comme nous. Il expose ses convictions dans la « Thalie » (un recueil de chansons faciles à mémoriser et à propager), dont certaines sont citées par saint Athanase qui les réfute. À titre d'exemple, Arius affirme que : « Dieu n'a pas toujours été Père, mais il y eut un temps où Dieu était seul et n'était pas Père. Le Fils n'a pas toujours existé […]. Le Verbe de Dieu lui-même a été fait à partir du néant », comme les autres créatures. « Dieu, prévoyant » que le Verbe « serait bon, lui a donné par avance cette gloire que, en tant qu'homme, il conquit ensuite par sa vertu » (traduction ICP, 1975). Certains textes bibliques sont mis à contribution, d'où une polémique autour des « c'est pourquoi » de plusieurs passages de l'Écriture comme :

la lettre aux Philippiens qui confesse l'exaltation de Jésus – « c'est pourquoi Dieu l'a exalté » (Ph 2, 9) ; ou le psaume 45 (lu en fonction du Christ) qui parle de la consécration du « plus beau des enfants des hommes » (cf. Ps 44, 3). La résurrection est alors comprise comme une récompense à la haute moralité de Jésus.

Face à ces affirmations, Nicée va tenter de « protéger » la foi de l'Église, une foi née de l'expérience, de la contemplation, de la liturgie, de la tradition au sens étymologique du mot – c'est-à-dire une réalité vivante qui se transmet et pour ce faire n'hésite pas à introduire des termes qui n'appartiennent pas à la Bible. Dans un document élaboré pour les 1700 ans du concile de Nicée et intitulé *Jésus Christ, Fils de Dieu, Sauveur*, la Commission théologique internationale écrit que ce concile fut un « événement de sagesse », plus qu'une « simple réflexion ». En confessant l'égale divinité du Fils, Nicée nous invite à « regarder Dieu à travers le visage de Jésus », à prendre toute la mesure du salut que Dieu accomplit à travers son Fils. Ces considérations peuvent nous paraître théoriques si, comme le note la Commission théologique, nous en ignorons « l'enracinement liturgique et baptismal ». Oui, à la différence d'Arius, nous pouvons prier le Fils et mettre notre foi en lui comme nous prions le Père et lui accordons notre foi. ■

En confessant l'égale divinité du Fils, Nicée nous invite à « regarder Dieu à travers le visage de Jésus ».

JUBILÉ DE L'ESPÉRANCE 2025 9/12

Sylvaine Lacout, théologienne,
laïque consacrée de la communauté des Béatitudes

Le pèlerinage au cœur du jubilé

Dans la Bible, le sens du pèlerinage est d'être vu par Dieu.

Le pèlerinage est une démarche proposée au cœur de l'année jubilaire. Il peut prendre les traits d'un voyage spirituel tout intérieur mais aussi d'un voyage qui peut conduire celui qui le fait jusqu'aux basiliques majeures romaines, à la cathédrale du diocèse ou dans un sanctuaire reconnu comme lieu jubilaire. Pour mieux saisir le sens du pèlerinage, il nous faut regarder ce que la Bible en dit. La Bible ordonne au peuple d'Israël : « Trois fois par an, tout mâle sera vu à la face du Maître Seigneur » (cf. Ex 23, 17). Aux trois fêtes dites de « pèlerinage » que sont *Pesah* – la Pâque, *Chavouot* – la Pentecôte, et *Soukkot* – la fête des Tentes, le peuple était convoqué. Lors de ces rendez-vous fixés par Dieu dans sa demeure qu'est le Temple de Jérusalem, chacun sera vu par Dieu et verra Dieu. Ainsi, chaque année, trois fois l'an, le peuple s'avançait « vers la maison de Dieu, parmi les cris de joie et les actions de grâce » (cf. Ps 41 [42], 5). La Bible nous apprend ainsi que tout pèlerinage est une mise en route vers Dieu, pour Dieu : « Trois fêtes de pèlerinage tu célébreras pour moi dans l'année » (cf. Ex 23, 14). La démarche est pour le Seigneur, pour le rencontrer dans son lieu saint, pour l'honorer par la prière et les sacrifices. Le pèlerinage suppose une marche vers un lieu saint. En hébreu, l'expression « en marche » et le mot « heureux » ont la même racine *ashré* : le pèlerin est invité à avancer particulièrement dans l'espérance, en quête du chemin des Béatitudes. Tournés vers Jérusalem, les pèlerinages de l'Ancien Testament sont aussi des « montées ». La symbolique est forte : « Les pèlerinages évoquent notre marche sur terre vers le ciel » (Catéchisme de l'Église catholique). Le pèlerinage suppose à la fois une démarche collective, celle du peuple de Dieu – « les solennités auxquelles vous les convoquerez » – mais aussi individuelle – « tu célébreras ». Si la démarche de pèlerinage se fait en communauté, chacun, à titre personnel, doit y engager sa liberté. Les évangiles nous donnent le témoignage que chacune des trois fêtes de pèlerinage ont été observées par Jésus, ses parents et les disciples. Leurs démarches étaient bien communautaires – « Le croyant dans la caravane [...], ils se mirent à le rechercher parmi leurs parents et connaissances » (cf. Lc 2, 44) – et elles étaient dirigées vers Dieu – « Ne saviez-vous pas que je dois être dans la maison de mon Père ? » (cf. Lc 2, 49). ■

Si la démarche de pèlerinage se fait en communauté, chacun, à titre personnel, doit y engager sa liberté.

TÉMOIGNAGE DE LECTEUR

Propos recueillis par **Frédéric Pascal**, journaliste

Prier, un crayon à la main

Philippe de Givry, 81 ans, est paroissien de Saint-Marcel à Paris (XIIIe). Il fait résonner la parole de Dieu en lui par l'écriture. Une forme de prière qui le connecte à lui-même, à son souffle et à son Créateur.

« Jour après jour, j'essaie de répondre à ma vocation de priant en me mettant à ma table et en écrivant. Depuis plus de quarante ans, je note des pensées, ce que j'appelle "ma petite musique". Écrire m'aide à descendre au fond de moi-même, à tendre l'oreille, à reprendre souffle, à laisser la vie revenir. J'écris les mots que m'inspirent les lectures du jour, tout en savourant, dans *Prions en Église*, les commentaires qui les éclairent.

Voilà une dizaine d'années, je me suis senti invité, par décantations successives, à offrir l'essentiel de "ma petite musique" à d'autres. Je me sens responsable de partager ce cadeau reçu, en particulier avec celles et ceux que le vocabulaire religieux habituel ne rejoint pas et qui attendent cependant un certain réconfort. Ainsi sont nés, peu à peu, les premiers numéros d'un recueil de textes, que j'ai intitulé *Un chemin d'apaisement* (Éditions Conseils

© Sandrine Martin

Mandron). J'y transmets ce que veut dire pour moi "Priez sans cesse", cette exhortation du Christ adressée à tout chrétien. Pour moi, c'est une invitation à toujours revenir dans l'instant présent et à me rappeler ce mystère insaisissable : j'ai reçu la vie d'en-haut, sans l'avoir demandée. Ce souffle, que je reçois en cet instant, aurait pu être le dernier. Je l'accueille alors avec gratitude. Comme un sarment sur une vigne, j'appartiens, et pour toujours, à mon Créateur. Pour porter encore plus de fruits, il a besoin de moi ! Il m'appelle constamment, me supplie de laisser sa sève travailler en moi. Je reste ouvert si je lui crie sans cesse, en respirant très fort, ma fragilité et ma peur de mourir. Alors, il se réjouit, me remercie et me pardonne. Ainsi, je peux continuer de prier pour celles et ceux qui ont besoin de lui. Je peux rester émerveillé par sa Création et goûter encore un peu de son insondable paix ! » ■

QUESTION DU MOIS

Marie est-elle une sainte comme les autres ?

De nombreux saints et saintes sont honorés par l'Église. Mais Marie est de loin la première d'entre eux, comme en témoignent le culte et la piété populaire multiséculaire dont elle est entourée. Marie est la seule née d'une « immaculée conception », choisie pour mettre au monde le Fils de Dieu (Lc 1, 35), fidèle jusqu'au bout en dépit des épreuves. C'est pourquoi, celle par qui l'incarnation du Messie a pu se réaliser (elle est nommée dans le Credo) a été la première créature exaltée dans le ciel aux côtés du Ressuscité : son Assomption est pour nous gage de vie éternelle. C'est grâce à la pureté de son cœur que Marie a pu être comblée de grâce, c'est parce qu'elle s'est faite humble servante qu'elle est chantée bienheureuse, c'est parce qu'elle est demeurée fidèle, debout au pied de la Croix (Jn 19, 25) puis en prière au Cénacle avec les Apôtres (Ac 1, 12-14), qu'elle est pour nous modèle de sainteté, modèle d'espérance (Vatican II, *Lumen Gentium* nº 64-65). La « Toute Sainte » (id. nº 56) est donc honorée par l'Église d'un culte spécial, d'un amour particulier. Notre prière compte sur son intercession. Le pape François lui a confié l'année jubilaire et « le monde entier, pour que l'espérance renaisse, pour que la paix germe enfin pour tous les peuples de la terre » (*Homélie*, 1er janvier 2025). ■

Michèle Clavier,
théologienne

Annonce

Pèlerinage de découverte au Vietnam

Dès le premier jour de votre voyage, une messe à la cathédrale Saint-Joseph, au cœur de la charmante ville d'Hanoï, donnera le ton de votre pèlerinage : à la fois touristique et pleinement spirituel. Baie d'Halong, cité impériale de Huê, Saigon : accompagné par un guide local francophone, vous visiterez les plus beaux sites du Vietnam, tout en rencontrant les communautés chrétiennes locales. Une expérience exceptionnelle.

Cathédrale Saint-Joseph, Hanoï.

Baie d'Halong.

PRATIQUE **Du mardi 20 au samedi 31 janvier 2026.** Une sélection **"Prions en Église"** et **"Le Pèlerin"** organisée par Bipel. **Renseignements et inscriptions :** 02 99 30 58 28 ou bipel.pelerinages@bipel.com

Rémy Brun, volontaire avec la DCC* et chargé de communication en Jordanie

Les œuvres de la foi

« J'ai vécu et servi un an comme chargé de communication au Centre Notre-Dame de la Paix à Amman, en Jordanie, fondé par le Patriarcat latin de Jérusalem. Cet établissement est spécialisé dans la prise en charge d'enfants ayant un handicap physique ou mental. La vocation du Centre est de vivre un service concret de charité entre musulmans et chrétiens de bonne volonté, au service de ces enfants vulnérables. À travers la gratuité des soins, l'écoute des mères parfois désemparées face à la situation du handicap et l'attention toute particulière portée aux enfants, j'ai ressenti combien la foi en actes est irremplaçable et qu'elle vaut mieux que tous les sermons ou les belles paroles ! Je me remémorais souvent cette phrase de saint Jacques : "Montre-moi donc ta foi sans les œuvres ; moi, c'est par mes œuvres que je te montrerai la foi" (Jc 2, 18). La détresse de ces mères de famille qui luttent pour donner à leur enfant une vie digne dans une société qui tend à les ignorer a fait croître une vertu que j'avais peu expérimentée jusqu'à présent, la compassion. Le début, pour moi, d'un chemin de conversion intérieur… » ■

*La Délégation catholique pour la coopération (DCC) est le service du volontariat de l'Église en France.

Rémy Brun dans une classe avec les enfants du Centre Notre-Dame de la Paix, Amman (Jordanie).

REPORTAGE

Anne-Quitterie Jozeau, journaliste

Le frère, la foi et le potager

L'été marque un temps fort pour le travail de la terre. À l'abbaye de Sénanque (84), les moines produisent du lavandin et du miel et cultivent leur potager. Entre deux offices, les frères vivent ce rapport à la terre, vital et parfois difficile.

Nichée dans une gorge provençale à quelques kilomètres du pittoresque village perché de Gordes, l'abbaye Notre-Dame de Sénanque, entourée de champs de lavande, siège dans toute sa blancheur. Cinq frères accueillent chaque année des milliers de touristes qui se rendent en ces lieux dignes d'un décor de carte postale. La règle bénédictine que suivent les membres de l'ordre de Cîteaux insiste aussi bien sur la prière que sur le travail. Alors, à Sénanque, tout le monde travaille et chacun a sa spécialité.

Derrière le cloître des XIIe et XIIIe siècles baigné de soleil, un grand potager. Frère Jean-Marc, originaire de Marseille, y travaille chaque jour. Visible depuis le chemin bordant la clôture monastique, le jardin des moines doit être « beau, afin d'être un témoignage », explique le religieux. Le sexagénaire a troqué son habit religieux pour un pantalon et un pull en laine, aux fils détricotés. Ce matin-là à Sénanque, c'est plantation des semis de cucurbitacées : butternut, potimarron, les graines sont prêtes, et les plateaux

Frère Jean-Marc

L'abbaye de Sénanque

D.R. ; AdobeStock

alvéolés aussi. Le cistercien a humidifié pendant une nuit les graines pour les faire germer. Avec délicatesse, il les a disposées dans un tissu blanc, collé à un coton tout aqueux.

« Si j'ai vraiment la foi, mon travail doit le montrer »

Accroupi devant ses plants, le nez baissé, frère Jean-Marc raconte. Enfant bagarreur et rebelle, vivant dans les quartiers nord de Marseille, il rentre à l'âge de 20 ans à l'abbaye de Lérins. Cela fait 47 ans qu'il est moine, et presque autant qu'il est préposé au jardin. « Je dois tout au père Joseph, à l'époque le père maître de la communauté, qui m'a tout appris, surtout la valeur du travail », confie le religieux reconnaissant. Aujourd'hui, après avoir appris à lire et écrire sur le tard, il continue d'étudier la philosophie, la théologie, les Grecs anciens… « Grâce à Dieu, j'acquiers une sagesse dans mon travail », ajoute celui que ses frères surnomment le « fou de travail ».

Le frère Jean-Marc insiste sur la difficulté de s'adapter au climat et l'humilité dont il faut faire …

... preuve pour travailler sur un terrain majoritairement en pente raide. « La nature est sauvage, et nous devons faire avec des hostilités, comme les insectes nuisibles ou les intempéries. Par-là, l'homme découvre le labeur, avec des difficultés rencontrées, la sueur aussi », ajoute le frère en même temps qu'il recouvre de terreau ses graines germées. Tout en arrosant les semis, il poursuit : « Quand je fais quelque chose, je dois le faire vraiment, pas à moitié. Et agir de manière belle, humble, responsable, généreuse… avec de la volonté, même quand il fait froid ou qu'il pleut. Si j'ai vraiment la foi, mon travail doit le montrer. »

Les ongles pleins de terre, frère Jean-Marc se relève lentement. Son dos lui fait mal, mais malgré la douleur, sa ceinture pour le dos reste pendue sur la rampe de l'escalier. Après un temps de réflexion, le religieux au visage buriné par le soleil du sud glisse : « Le travail de la terre m'a permis cette compréhension de l'unité profonde avec la nature, les autres, Dieu et soi-même. » ■

Vivre l'accueil à Sénanque

Du 27 juin au 16 août, les moines de Sénanque invitent ceux qui le souhaitent à venir à l'abbaye pour tenir un stand à l'entrée du site. La mission est d'accueillir, de discuter, voire de prier avec les visiteurs, pendant plusieurs heures chaque jour. Une proposition pour tous les âges.

Informations communiquées sous réserve de modifications. Renseignez-vous avant de vous rendre aux endroits indiqués.

LE JOUR DU SEIGNEUR – FRANCE 2 (11 heures)

3/8 **10 H 30 :** canonisation de Pier Giorgio Frassati depuis Tor Vergata (Italie). Prédicateur : pape Léon XIV.

10/8 Messe à ciel ouvert depuis la chapelle du Crouesty, Arzon (56). Prédicateur : P. Jean-Marie Petitclerc, salésien de Don Bosco.

15/8 Messe à ciel ouvert depuis le sanctuaire Notre-Dame de Thierenbach, Jungholtz (68). Prédicateur : Mgr Paul-Richard Gallagher.

17/8 Messe à ciel ouvert depuis le sanctuaire Notre-Dame de Thierenbach, Jungholtz (68). Prédicateur : Mgr Pascal Delannoy.

24/8 Messe à ciel ouvert depuis l'esplanade du phare de Terre-Nègre, Saint-Palais-sur-Mer (17). Prédicateur : P. Marc-Antoine Bêchétoille, dominicain.

31/8 Messe à ciel ouvert depuis la chapelle Notre-Dame-de-la-Salette, Loire-Authion (49). Prédicateur : P. Benoît Dubigeon, franciscain.

FRANCE CULTURE (10 h 05)

3/8 Chapelle Notre-Dame de la Médaille miraculeuse, Paris (VIIe). Prédicateur : Fr. Jean-Christophe de Nadaï, dominicain.

10/8 Chapelle Notre-Dame de la Médaille miraculeuse, Paris (VIIe). Prédicateur : Fr. Benoît Vandeputte, dominicain.

15/8 Chapelle Notre-Dame de la Médaille miraculeuse, Paris (VIIe). Prédicateur : Mgr Bernard Podvin.

17/8 Chapelle Notre-Dame de la Médaille miraculeuse, Paris (VIIe). Prédicateur : Mgr Emmanuel Tois.

24/8 Chapelle Notre-Dame de la Médaille miraculeuse, Paris (VIIe). Prédicateur : P. Alexis Cerquera Trujillo, lazariste.

31/8 Chapelle Notre-Dame de la Médaille miraculeuse, Paris (VIIe). Prédicateur : P. Gilles Drouin.

PODCAST

Un été avec un moine poète

Dans quatre épisodes du podcast Prie-Dieu, Gilles Baudry nous raconte sa vocation de moine et de poète, comment il l'entretient, comment il s'en nourrit. Le moine bénédictin cultive sa foi, au cœur de la presqu'île de Crozon (29), à l'abbaye de Landévennec. Une vie rigoureusement organisée en accord avec le silence : « Tout ici invite à écouter le murmure du monde puis à rejoindre notre "Finistère" intérieur. » Retiré dans ce lieu fort et fragile, à l'image de l'être humain, il écrit ses poèmes en communion de silence avec ses lecteurs. C'est aussi un poète qui fait pousser les mots dans des ouvrages en fleurs, en toute saison. Son œuvre l'atteste. Artisan des mots et serviteur de la Parole, Gilles Baudry nous apprend à écouter, à nous émerveiller et, avec lui, à nous enivrer de gratitude. ■

Sylvain Gasser

Une série de quatre épisodes à écouter sur le site et l'application *Prions en Église*, à partir du lundi 7 juillet.

CD

Vespro della Madonna (1643)
Claudio Monteverdi
Vincent Dumestre, Château de Versailles spectacles

En écho aux célèbres *Vêpres de la Vierge* de Monteverdi publiées en 1610, cet enregistrement propose une reconstitution possible d'autres « Vêpres de la Vierge » qui s'appuie sur des recueils « testaments » du compositeur, mort en 1643. De la très grande musique !

L'Offrande
Chœur Éphata,
Rogatien Despaigne.
Bayard Musique

Un album avec 17 chants d'assemblée bien connus, à qui les harmonisations inspirées de Rogatien Despaigne donnent un éclat nouveau. Des chants magnifiquement interprétés ici par le chœur Éphata. De quoi renouveler le répertoire des ensembles vocaux liturgiques. ■

Dominique Pierre

EXPOSITION

Brueghel et Van Balen, artistes et complices

Vierge à l'Enfant dans une guirlande de fleurs, Hendrick van Balen et Jan Brueghel l'Ancien, musée du Prado, Madrid (Espagne).

© Alberto Otero Herranz/Museo Nacional del Prado

Pour le 400e anniversaire de la mort de Jan Brueghel l'Ancien, le musée de Flandre consacre une grande exposition à ce maître de la peinture flamande de la fin du XVIe siècle et du début du XVIIe et à son collaborateur Hendrick van Balen. À Anvers, ils créeront ensemble des œuvres aux scènes allégoriques, mythologies et religieuses entre maniérisme et baroque. La présentation témoigne de la forte complicité artistique entre ces deux artistes majeurs de l'âge d'or flamand. ■

Hélène Roquejoffre, *Le Monde de la Bible*

Jusqu'au 28 septembre 2025 – Musée départemental de Flandre – 26 Grand Place – 59670 Cassel – www.museedeflandre.fr

LIVRES

Léon XIV
L'apôtre de la paix

Samuel Pruvot, avec Marc Leboucher, Salvator, 164 p.

Rédigé en seulement quelques jours après l'élection de Léon XIV, cet aperçu de l'histoire et de la personnalité du nouveau pape ainsi que des chantiers à venir remplit bien son office. Signée par Samuel Pruvot, rédacteur en chef de *Famille Chrétienne*, et conduite par une équipe depuis Rome, cette synthèse comporte des annexes confiées à des spécialistes du monde religieux et culturel. Un pari réussi.

Nicée, 1700 ans d'histoire

Claire Reggio, Cerf, 174 p.

Enseignante dédiée à l'histoire de l'Antiquité tardive et du christianisme à l'université d'Aix-Marseille, Claire Reggio relève le défi de l'explication et de la mise en perspective du premier concile œcuménique de Nicée (Iznik en Turquie actuelle), dont est issu le Credo qui nous est familier. Le récit redonne vie aux acteurs et propose une lecture renouvelée d'un évènement fondateur. Un retour aux sources bienvenu et facile à lire.

Les 100 plus belles prières à la Vierge Marie

Sœur Geneviève de l'Immaculée, Éditions des Béatitudes, 184 p.

Ce recueil nous fait entrer dans la longue (et vivante) tradition des prières d'intercession à Marie. D'hier à aujourd'hui, de l'*Ave Maria* dans l'Évangile de Luc à la prière de la liturgie byzantine *kondakion* (hymne) à la Mère de Dieu. Avec une sélection de prières en lien avec des lieux d'apparitions mariales, en cette saison de pèlerinages. ■

Robert Migliorini

AGENDA

Informations communiquées sous réserve de modifications.

Grand Nord-Ouest

ÉPERNON (28)

DU SAMEDI 16 AU LUNDI 25

Retraite

« Choix de vie », pour les jeunes à partir de 20 ans. Pour prendre le temps de réfléchir à sa vocation (mariage, vie religieuse…), approfondir sa relation à Dieu et discerner son appel.

02 37 83 60 01
reservation@prieure-saint-thomas.fr
www.prieure-saint-thomas.fr

ANGERS (49)

DU DIMANCHE 17 AU SAMEDI 23

Rassemblement

Forum Acteurs, une semaine de vacances et de partage autour des questions de vie et de société pour cent étudiants et jeunes professionnels âgés de 18 à 30 ans. Organisé par Fondacio France au tiers-lieu de l'Esvière.

07 86 11 27 84 – jeunes@fondacio.fr
https://esviere-fondacio.fr/propositions/forum-acteurs

Grand Nord-Est

MONTREUIL-SUR-MER (62)

SAMEDI 2 ET DIMANCHE 3

Expositions

Dix-neuf églises de la Côte d'Opale accueillent près de 50 artistes (peintres, sculpteurs, photographes…) sur trois week-ends à partir du 19 juillet. Visite guidée le 2 août à Sorrus et le 3 à Campigneulles-les-Petites

pastopale@gmail.com

CONDETTE (62)

DU DIMANCHE 3 AU SAMEDI 9

Retraite

« Laisser grandir la grâce de Dieu dans nos vies », animée par le père Vincent Leclercq, assomptionniste. Un temps pour contempler les signes de la présence de Dieu au quotidien et grandir dans la grâce de son amour, à travers la méditation de la parole de Dieu.

03 21 83 71 42
maisondiocesainelestourelles@arras.catholique.fr

BEAUNE (21)

DU JEUDI 28 AU SAMEDI 30

Retraite

« Laisse-toi aimer ! » retraite pour les jeunes •••

… filles, organisée par les sœurs carmélites au sanctuaire de l'Enfant-Jésus.
06 98 45 70 28
cej.beaune@gmail.com

Grand Sud-Ouest

URT (64)

DU VENDREDI 22 AU DIMANCHE 31

Retraite

Retraite en silence selon les *Exercices spirituels* de saint Ignace, à l'abbaye Notre-Dame-de-Belloc, organisée par le centre spirituel Coteaux-Païs. Cette semaine est proposée à des personnes ayant déjà vécu une retraite d'initiation.
05 62 71 65 30
secretariat@coteaux-pais.net
www.coteaux-pais.net

Grand Sud-Est

TARASCON (13)

DU LUNDI 4 AU DIMANCHE 10

Session

« Oseras-tu l'aventure intérieure ? » Une semaine pour découvrir la vie monastique, pour les lycéennes, étudiantes et jeunes professionnelles. Au monastère de la Visitation Sainte-Marie.
04 90 91 04 40
vivejesus@orange.fr
www.visitation-tarascon.com

ORCIVAL (63)

VENDREDI 15

Commémoration

Inauguration d'une nouvelle croix des prisonniers à l'occasion du 80e anniversaire de la libération des camps de la Seconde Guerre mondiale, dans le sanctuaire de Notre-Dame-des-Fers. En présence de Mgr Pierre-Antoine Bozo, évêque de Limoges.
paroissenotredameorcival@orange.fr
https://paroisse-notre-dame-orcival.catholique.fr

LAVEISSIÈRE (15)

DU VENDREDI 22 AU DIMANCHE 24

Festival

Festi'Rural, un grand événement organisé au Lioran par Chrétiens dans le Monde rural (CMR). Pendant trois jours, ce festival met à l'honneur les richesses et les défis de la ruralité à travers un programme varié alliant festivités,

réflexions et partages.
contact@festirural.org
www.festirural.org

POMEYS (69)
DU DIMANCHE 24 AU SAMEDI 30
Retraite
« Ce Christ qui vient à notre rencontre », retraite en silence prêchée par Mgr Bruno-Marie Duffé, à la maison d'accueil mariste Notre-Dame de La Neylière.
04 78 48 40 33
accueil@neyliere.fr

Île-de-France

PISCOP (95)
DU VENDREDI 22 AU DIMANCHE 24
Session famille
Dans le cadre du jubilé, vivre un moment unique pour apprendre •••

ZOOM

PÈLERINAGE NATIONAL 2025, SOUS LE SIGNE DE L'ESPÉRANCE

Le 152e Pèlerinage national a lieu du 11 au 16 août 2025 à Lourdes sur le thème « Regarde l'étoile ». Présidé par Mgr Benoît Gschwind, évêque de Pamiers, il est placé sous le signe du jubilé. Les pèlerins suivront le chemin jubilaire du sanctuaire de Lourdes. « Nous avons ajouté une étape à ce chemin, explique le père Sébastien Antoni, directeur du pèlerinage. Les pèlerins déposeront une parole d'espérance aux pieds de la Vierge, formant une "constellation d'espérance", signe de la foi partagée. » Le philosophe Martin Steffens relira le Credo comme chemin de vie à l'occasion des 1700 ans du concile de Nicée. Des conférences et ateliers pour soutenir les familles : préparation au mariage, célibat non choisi, harcèlement scolaire, handicap, etc. Le Quatuor Girard propose un concert spirituel le 14 août, deux concerts dans les lieux d'accueil des malades et animera la messe du 15 août. *Prions en Église* attend ses lecteurs les après-midi à l'atelier « Bulle de la Bible » et au temps de prière parents-enfants en fin de journée. ■

programme.pelerinage-national.org

Geneviève Pasquier

... à prier en famille et se découvrir frères et sœurs dans la foi. Au programme : messes, temps de prière, jeux, activités ludiques.
familles@catholique95.fr

France

DU JEUDI 31 JUILLET AU DIMANCHE 10 AOÛT
Festival Anuncio
Pendant dix jours, des centaines de jeunes vont à la rencontre des vacanciers et leur proposent des concerts, des projections de films, des spectacles… Week-end de lancement du 31 juillet au 2 août. Pendant la semaine de mission, du 2 au 8 août, les jeunes sont envoyés par groupe de vingt, dans douze villes de France. Et week-end final du 8 au 10 août.
www.anuncio.fr/festival-anuncio

Suisse

DU DIMANCHE 3 AU SAMEDI 9
Retraite randonnée
Retraite ignatienne accompagnée, en français et en allemand, par Christoph Albrecht et Julien Lambert, dans les Alpes suisses d'Interlaken à Grindelwald. Marcher et se taire, se reconnecter à la Création et à Dieu, aux autres et à soi-même.
+41 (0)79 155 64 25

Italie

DU JEUDI 21 AU MERCREDI 27
Pèlerinage
Pèlerinage national des servants d'autel, en bus de Turin à Rome, en passant par Bologne et Assise, à l'occasion du jubilé 2025.
nathalie.debouvier@cef.fr
https://pelerinagenationaldesservantsdautel2025-rome.venio.fr/fr

ENVOYEZ VOS RENDEZ-VOUS À L'AGENDA DE PRIONS EN ÉGLISE
Merci d'envoyer les informations nécessaires 3 mois avant l'événement, sans engagement de publication par la rédaction, à : *Prions en Église,* Agenda, 15 boulevard Gabriel Péri, CS 10042 92245 Malakoff Cedex, ou par e-mail : *prionseneglise@groupebayard.com*

PrionsenÉglise 15, boulevard Gabriel Péri CS 10042
www.prionseneglise.fr 92245 Malakoff Cedex

▶ **POUR CONTACTER LE SERVICE CLIENT : 01 74 31 15 01** – service.client@groupebayard.com
(Préciser : nom + adresse postale + « concerne Prions en Église ».)

▶ **POUR VOUS ABONNER : 01 74 31 15 01** – www.librairie-bayard.com
Bayard, Prions en Église, TSA 60007, 59714 Lille Cedex 9

▶ **POUR CONTACTER LA RÉDACTION :** prionseneglise@groupebayard.com

Directeur de la publication : François Morinière. Directrice déléguée : Emmanuelle Delapierre. Rédaction : Karem Bustica (rédactrice en chef), Dominique Pierre (rédacteur en chef délégué), Pomme Mignon (rédactrice en chef adjointe visuel, directrice artistique), Frédéric Pascal (rédacteur en chef adjoint), Armelle Gabriel (assistante), Nicolas Crouzier (secrétaire général de la rédaction), Jean-Baptiste Deau, Cécile Toussaint (1ers secrétaires de rédaction), Laurent Sangpo, Pascal Redoutey (rédacteurs graphistes), Ania Biszewska (rédactrice photo), Sébastien Antoni (chef de grande rubrique), Anne-Quitterie Jozeau, Geneviève Pasquier (rédactrices). A participé : Thibault Van Den Driessche. Marketing éditeur et développement : Amandine Boivin. Marketing diffusion et abonnement : Aurore Bertrand (directrice), Sandrine Dos Santos (chef de marché). Directeur des terrains catholiques : Cédric Bloquet. Voyages lecteurs : Corinne Miguel. Contrôle de gestion : Marie-Albane de Vallée. Fabrication : Grégory Cervantes. Impression : Maury SAS, Z.I. Route d'Étampes, 45330 Malesherbes. Textes liturgiques : © AELF. Chants : © Éditeurs. © Bayard et Novalis. Reproduction interdite sans autorisation. *Prions en Église* est édité par Bayard, société anonyme à Directoire et Conseil de Surveillance au capital de 16 500 000 €. Actionnaires : Augustins de l'Assomption (93,7 % du capital), SA Saint-Loup, Association Notre-Dame de Salut. Directoire : François Morinière (président et directeur de la publication), Dominique Greiner (directeur général). Président du Conseil de Surveillance : Hubert Chicou. Dépot légal à parution. CPPAP : 0425K86471 - ISSN : 0383-8285. Belgique et Luxembourg : Bayard Presse Bénélux, Da Vincilaan, 1 – 1930 Zaventem. Tél. : 0800 250 38 (de Belgique, gratuit) ou 800 29 195 (du Luxembourg). Web marché chrétien : librairie-bayard.com. Suisse : Asendia Press Edigroup SA, Chemin du Château-Bloch 10, 1219 Le Lignon. Tél. : 00 41 22 860 84 02. Mail : abobayard@edigroup.ch

Ce numéro comporte :
Sur la totalité de la diffusion : encart posé "Prions en Église Junior" ; encart jeté "Prions en Église" autopromotion 2025-2026.
Sur une partie de la diffusion : relance posée "Bayard" offre d'abonnement.

PEFC 10-31-1282
Certifié PEFC
Ce produit est issu de forêts gérées durablement et de sources contrôlées.
pefc-france.org

IMPRIM'VERT

Prions en Église agit pour l'environnement
Origine du papier : France. Taux de fibres recyclées : 100 %. Origine des fibres : papier issu de forêts gérées durablement.
Impact sur l'eau : PTOT 0,003 kg/T

FR

Bulletin d'abonnement

OUI, je m'abonne à *Prions en Église*
Je recevrai le hors-série *Noël 2025*

EN CADEAU

GRELHS0133

EDITION	POCHE (13 x 11,9 cm) PRI	GRAND FORMAT (16 x 14,6 cm) PRI	
PRÉLÈVEMENT MENSUEL Uniquement par internet	**4,90 €/mois**	**5,75 €/mois**	+ un accès à tous les contenus du site et de l'application
PAIEMENT COMPTANT	1 an (12 nos) ☐ 59 €	1 an (12 nos) ☐ 69 €	
	2 ans (24 nos) ☐ 105 €	2 ans (24 nos) ☐ 115 €	
	Étudiant 1 an ☐ 29,95 €		

PAR COURRIER Renvoyez ce bulletin accompagné de votre chèque payable en France libellé à l'ordre de « Bayard » à l'adresse suivante : **Bayard - TSA 40020 - 93539 Aubervilliers CEDEX**

PAR INTERNET sur **librairie-bayard.com/abopri** (paiement 100 % sécurisé)

▶ Le paiement en espèces n'est pas accepté. N'envoyez en aucun cas d'espèces par courrier.

COORDONNÉES ☐ Mme ☐ M. Prénom

Nom A177736

Complément d'adresse (résid./esc./bât.)

N° et voie (rue/av./bd...)

Code postal Ville

Pays Date de naissance J J M M A A A A

Tél. E-mail

Pour recevoir la confirmation de votre abonnement, nos newsletters et correspondre avec vous par courriel

RENSEIGNEMENTS POUR LES ABONNEMENTS HORS FRANCE MÉTROPOLITAINE

		DOM-TOM & UE	AUTRES PAYS	BELGIQUE	SUISSE
Téléphone		(33) 174 311 501		02 808.09.85**	(022) 860 84 02
POCHE	1 an	62 €	68 €	Renseignez-vous sur les tarifs et abonnez-vous par téléphone	
	2 ans	111 €	123 €		
GRAND FORMAT	1 an	72 €	78 €		
	2 ans	121 €	133 €		

**Appel gratuit